# 深堀六番隊の戊辰戦争

平 幸治

**扉画像** 「佐賀藩戊辰の役秋田藩領絵地図（小城鍋島文庫12－11）」部分　佐賀大学附属図書館蔵

# 深堀六番隊の戊辰戦争

## 目次

地図：マルモトイヅミ

# 序章　鍋島孫六郎の上洛

深堀武家屋敷跡樋口家表門石塀（長崎市）

## 佐賀藩深堀領

長崎の郊外に深堀《ふかほり》という小さな町がある。今は対岸の香焼《こうやぎ》島と陸続きになったが、かつては長崎の港を扼する重要な位置にあった。その歴史は古い。建長七（一二五五）年、上総国御家人深堀能仲が、そのころ戸八浦と呼ばれた当地の地頭職に任じられた。以来、野母半島一帯に勢力を伸張した深堀氏は、南北朝・戦国の世をしたたかに生き延びた。しかし天正一五（一五八七）年、深堀純賢は海賊の嫌疑を受けて豊臣秀吉に所領を没収された。そのため佐賀の鍋島氏に臣従し鍋島の姓を賜った。ここに深堀は佐賀藩の飛び地となり、江戸時代を通じて鍋島（深堀）氏が領主として統治した。佐賀藩家老職を務め、藩が担う長崎港警備の常詰として重要な役割を果たした。

今も残る武家屋敷跡の石塀や表門（薬医門）は佐賀藩領であったころを偲ぶよすがとなっている。

晩年の鍋島孫六郎
（中尾正美編『鍋島藩深堀史料集成』所収）

幕末最後の領主は鍋島孫六郎（左馬助）茂精。三四歳の壮年領主ながら佐賀藩家老職、先手組大番頭を勤めた。ふだんは佐賀に居住、在所深堀では三人の家老が政務を執った。

孫六郎に仕える深堀鍋島家の家臣団は二度にわたる長州征討に出勢したが、さらに孫六郎の御側親衛隊として戊辰戦争にも出陣した。佐賀から京都に上ったのち北陸道先鋒隊に加わって江戸に進軍し、ついで庄内追討応援として仙台・秋田に転戦、出羽において庄内軍と戦争した。戦死五名。世にいう深堀六番隊である。

## 戊辰戦争

最後の将軍徳川慶喜が大政を奉還し、王政復古のクーデターによって明治新政府が誕生した。新政府は慶喜を朝敵として討伐の軍をおこし、各地で旧幕府軍と武力で衝突した。慶応四（一八六八）年一月三日、鳥羽伏見の戦いで幕を開けた戦争は翌明治二年五月一八日、函館五稜郭で幕府軍の榎本武揚らが降伏するまで一年五ヶ月に及んだ。慶応四（明治元）年の干支が戊辰（ぼしん・つちのえたつ）であるから、この内戦を総称して戊辰戦争《ぼしんせんそう》と呼ぶ。

新政府軍は東海・東山・北陸の三道から江戸に進軍した。江戸城は無血開城したが、会津藩はなお抵抗し、これを支援する仙台藩など東北地方の諸藩も奥羽越列藩同盟を結成して対決した。戦闘は主として東日本で展開したが、鳥羽伏見の戦い、江戸上野の彰義隊との戦い、白虎隊で有名な会津藩や庄内藩など奥羽越列藩同盟による東北戦争、五稜郭の戦いなどは教科書にも載っている。

この一連の戦いにおいて、深堀六番隊は、佐賀藩軍の一隊として、はるか東北の地で庄内藩との戦いにあたったのである。

鳥羽伏見戦跡碑（京都市）

## 鍋島孫六郎の上洛

慶応三（一八六七）年暮、佐賀藩深堀領の領主鍋島孫六郎（茂精）は藩主鍋島直大（茂実）が上洛するにつき御供家老として先発上京を命じられた。一二月二一日昼ころ、主従四四人は行列を整え佐賀を出発した。

出発までには紆余曲折があった。

もともと孫六郎に上京が命じられたのは前月一一月であった。

この年慶応三年一〇月一四日、将軍徳川慶喜は朝廷に大政奉還を上表した。この情報が佐賀に届いたのは一一月初めであったという。すでに半月が過ぎている。当時、京都・佐賀間の往復には十日程度を要したというが、それにしても佐賀藩京都留守居の情報収集能力や対応の遅さには疑問を感じざるを得ない。

また朝廷から前藩主鍋島閑叟（直正）に至急上京あるべしとの書付が届いた。上京できない場合は藩主直大が代りに上京せよという。とりあえず上京延期を願い出た。佐賀藩庁は混乱していた。『鍋島直正公伝』によると「当時公は京都に重役を駐在せしむる必要あるを察し」て、鍋島直正が孫六郎に上洛駐在を命じたと述べる。佐賀藩は他の有力諸藩と異なり京都に重役を配置していなかったのである。

ただし的野半介『江藤南白』に引用する一一月二四日付の田代五八郎（深堀鍋島家家老）あて渡辺五郎右衛門（孫六郎の側用人）書状によると、殿様（直大）からも今日上京を直達されたと述べる。この理由として「当時勢柄に付、諸藩よりすべて重役の人出京相成居候得共、此の御国許その儀無く□色々御都合にこれ有り、御打過にて相済まず」とある。

つまり、時節柄諸藩はどこも京都に重役を出京駐在させているのに、佐賀藩だけはそうではない。これはいろいろ不都合であり、このまま放置するわけにはいかないという。

降って湧いたような大役である。深堀家中は慌ただしく準備に追われた。御供人数の選定や支度金の金策、京都要路への土産物選定など準備することは山のようにある。京都での活動に支障がないよう、それまでの名乗り左馬助を孫六郎と改名することまでした。

一二月三日、直大自身がいずれ上京する旨、藩の家老以上の重臣へ廻達された。しかし孫六郎の出発日程はなかなか指図がない。

## 孫六郎主従四四名が佐賀を出発

一二月一〇日、登城した孫六郎は、藩主直大が来る正月中旬から上京するので随従するよう直達された。任務の内容が京都詰め重役としての上京から直大の御供としてのそれに変更されたわけである。直大の上京は出雲松江藩主松平定安とともに幕府から「来辰正月ヨリ三月迄京都三ケ月詰御警衛」を仰せ付けられたからである（『復古記』巻六）。藩庁は稟問確認のうえ上京準備にかかった。直大の京都警衛上京については一六日、重臣へも廻達された。孫六郎の出発日程もいったん来る年始早々に繰り下げられた。佐賀屋敷で待機した深堀の家臣もとりあえず地元に戻った。

その後、またまた予定が変わり、年内二〇日ごろ出発するよう指図があった。御供の家臣一同も急ぎ在所深堀から佐賀屋敷に集合した。直大が召し連れる兵も五～六〇〇人になるというので、孫六郎に直接随従する深堀の家臣も増員された。こうして孫六郎主従四四名は藩主の先遣隊として一二月二一日に佐賀を出発したのである。

この間、中央の政局は急展開し一二月九日には王政復古のクーデターが敢行された。この情報に接した佐賀藩当局は、中央政局の動向を把握できないまま、同月二五日、すでに出発した孫六郎に「京都表御都合これあるに付き」と、進行を中止し筑前黒崎で滞留するよう命じた。

孫六郎らの宿所、長崎街道黒崎宿桜屋跡（北九州市）

孫六郎一行は一二月二六日この命令を下関で受領、ただちに黒崎に引き返した。一行のうち防州室津まで進んでいた先発メンバーも逆風を冒して戻ってきた。

その後、大隈重信や江藤新平の建言により中央の政治情勢がわかった藩当局は、慶応四（一八六八）年正月元日、再び孫六郎に進発を命じた。三日、黒崎を出船、一六日、大坂に到着。一行は佐賀藩御用達花屋仁兵衛宅に投宿した。

これより先、一月三日には幕府軍と薩摩・長州軍が京都郊外の鳥羽・伏見で戦端を開いていた。

一月七日、佐賀藩主鍋島直大は朝廷の召命に応じ藩兵を率いて佐賀を出発、伊万里から軍艦電流丸で上京しようとしていた。しかし鳥羽伏見の戦いの情報が佐賀に届き、一〇日、急遽出航停止となった。一一日、藩庁は孫六郎にこの旨を通達すべく参政中野数馬を蒸気船甲子丸で先発させた。直大は二一日ようやく伊万里を出港、二七日に大坂藩邸に到着、先ずは孫六郎を入京させることとした。

## 江口十作『慶応記』

孫六郎の家来に江口十作という若者がいた。父は郡目附を勤めた央助。江藤新平とはいとこにあたり姉千代子は新平の妻である。後年、佐賀の役では最後まで新平と行動をともにした。のち宗善と改

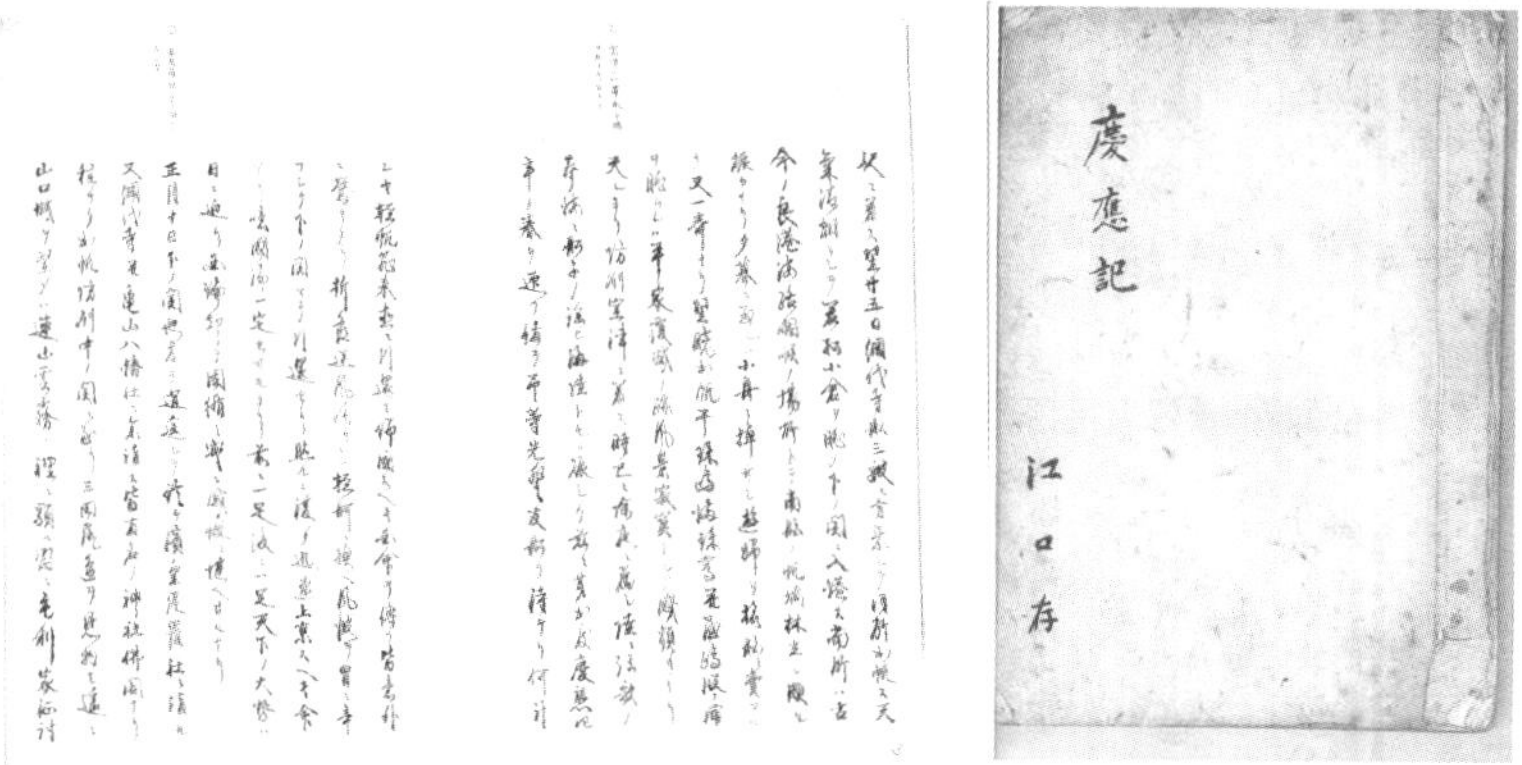

江口宗善『慶応記』（個人蔵）

晩年の江口宗善（個人蔵）

若い頃の十作（個人蔵）

江口宗善の墓（深堀町龍珠庵）

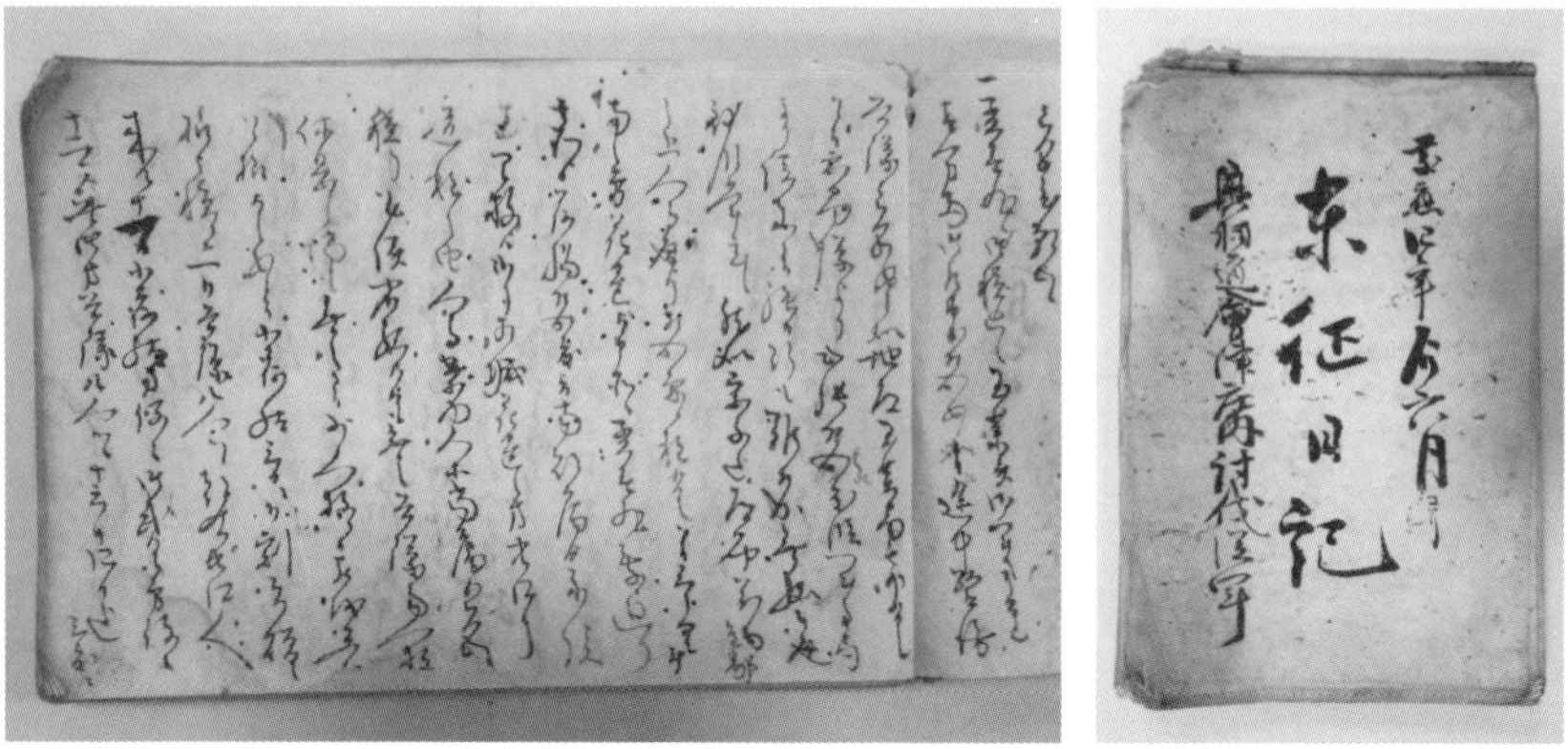

峰弥次右衛門『東征日記』（樋口家旧蔵）

名、初代深堀村長を勤め深堀の近代化に貢献した人物である。昭和五（一九三〇）年歿。墓は深堀の龍珠庵にある。

剣は直心影流目録、竹内流体術相伝、一九歳の部屋住ながら、このたびの別段御供に抜擢され従軍した彼は、東北の戦地から戻ったばかりの明治二（一八六九）年五月その体験記を執筆した。題して『慶応記』という。日付を追った詳細かつ生々しい記述に実体験者の重みが感じられる。

なお、江口功一郎の歴史小説『宗善記』の前半部分は、この『慶応記』をベースにした作品である。

## 峰弥次右衛門『東征日記』

近年、長崎市に寄贈された長崎市深堀町の樋口家旧蔵文書の中から戊辰出征に関する史料が新たに見つかった。御用人兼御目付として従軍した峰弥次右衛門が書き残したものである。弥次右衛門は当時五六歳の老臣、総隊長孫六郎の御側近くに詰めていた。維新後、如松と改名。明治三〇（一八九七）年歿。古武士の風格があったという。

見つかった史料のうち日記が数点ある。（1）慶応四年二月一六日から三月二五日の分、（2）三月二六日信州上田城下を

峰弥次右衛門の墓（深堀町菩提寺）

出発してから六月六日盛岡までの分、（3）六月七日から七月二一日までの分、（4）八月から一〇月の断簡、（5）一〇月一八日から二二日までの断簡である。

（2）と（3）は『東征日記』と題してあるが他は無題。ただし本書で史料として引用する場合、すべて『東征日記』とよぶことにする。日記はいずれも虫食いがひどく、また弥次右衛門独特の癖のある筆跡のため判読は相当困難である。しかし『慶応記』が知らない枢密な情報が多く記述されている。この史料によって従来分からなかった深堀六番隊のことが随分判明する。

以後の深堀武士団の動きについては、主として江口十作の記録『慶応記』の叙述を借りながら、峰弥次右衛門『東征日記』も交えて話を進めていきたい。解読がむつかしい個所もあるが、適宜この両史料などを現代語に直しつつ述べていく。

なお、北陸道先鋒隊参陣以後の孫六郎一手の動静を示す史料には『鍋島孫六郎一手出兵御届書概略写』（佐賀県史編纂資料二二九　佐賀県立図書館）がある。

## 京都まで

『慶応記』によれば、慶応四（一八六八）年一月二七日暮れころ深堀の主従一行は大坂を発し淀川を

戊辰役橋本砲台場跡碑（枚方市　樟葉台場跡公園）

二条城（京都市）

船でさかのぼり翌二八日朝五ツ時ころ山崎辺りを通った。山崎は伊勢藤堂藩の兵が守備し、橋本は加賀兵が守衛、各々砲台を築いて厳重に警備していた。昼頃、淀に着し、弘法寺という寺院で支度を整え京都に向かって発足した。途中、鳥羽では去る三日の戦争で人家は破壊し樹木は折れ大小の銃丸が透間なく残っていた。右は平田、左は大河で河岸は竹林のため長州兵が戦功を奏した所だという。竹林も縦横に乱れ戦死者を埋めた仮塚が所々にあった。二十とも三十ともいう。荒涼としたありさまは両軍存亡の勇戦血戦を想起させた。夕刻、京都二条通にある元郡山藩屋敷に到着、ここが宿営である。

二月二日昼八ツ時頃、藩主直大が着京した。なお大殿鍋島閑叟（直正）の入京はさらに遅く孫六郎らがすでに北陸道を金沢に入った三月一日であった。

佐賀藩は京都政局への登場に出遅れた。閑叟が中央政局に距離を置いていたからである。このため新政府は一時佐賀藩に対し佐幕的ではないかとの嫌疑を抱いた。しかし、入京した江藤新平・副島種臣らの活動もあって新政府における佐賀藩の立場は明確になっていた。

四日、孫六郎は二条城に登城、深堀から御供した江口十作らも扈従した。彼は「是ノ日雲集スル諸藩ノ人数、二条城モ立錘ノ余地ナシ、古今未曽有ノ雑踏ナリ」と感想を記している。

こうして孫六郎をはじめとする深堀武士団は、当初深堀を出るときには予想だにしなかった戊辰戦争の舞台に引っ張り出されたのである。

# 第一章　北陸道鎮撫

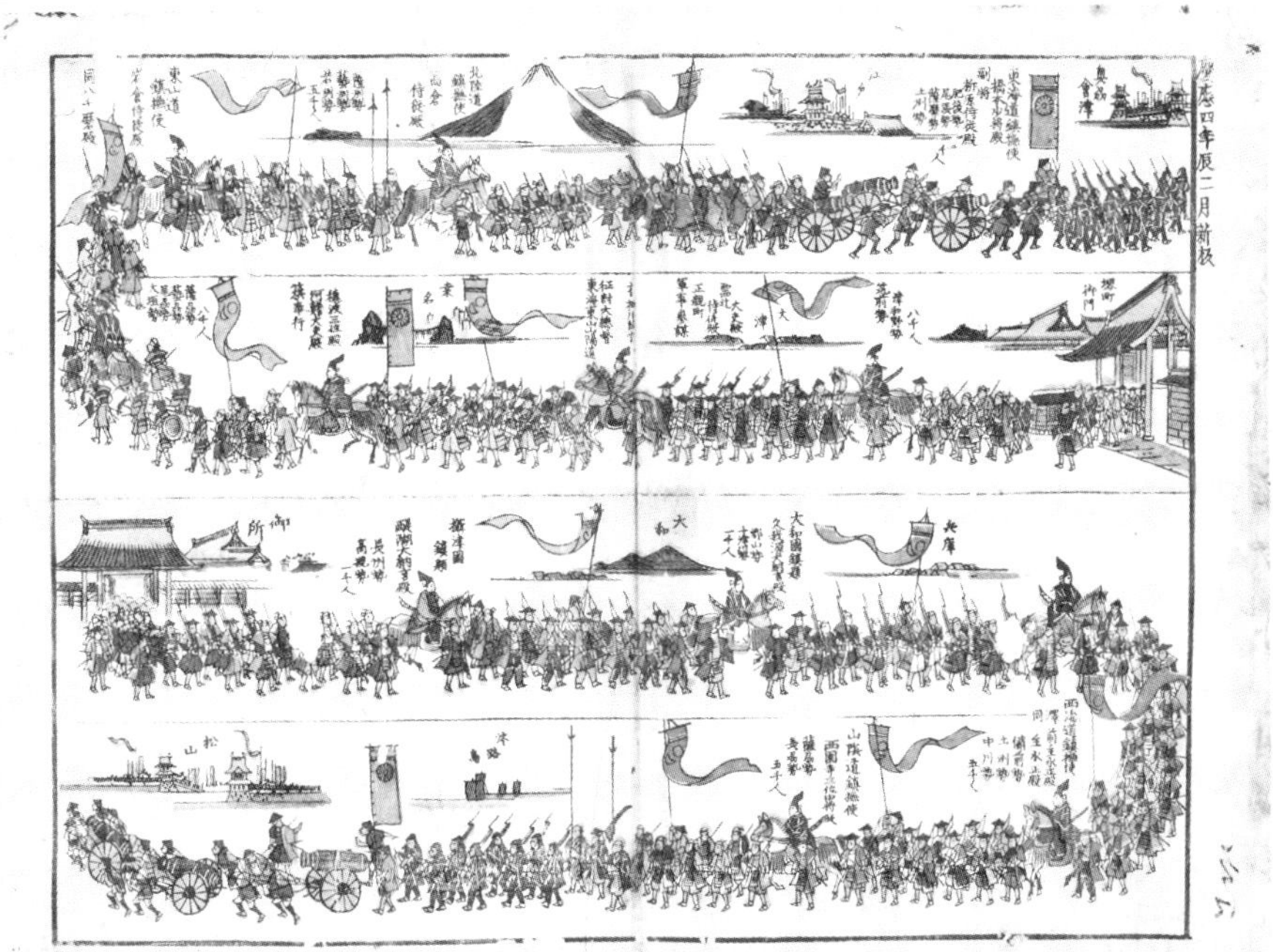

各道鎮撫使行列図（栃木県立博物館蔵）
最上段２番目に北陸道鎮撫使がみえる

新政府軍進撃路

## 新政府軍全国制圧へ

鳥羽伏見での戦闘で旧幕府軍を圧倒した新政府軍は全国制圧のため行動を開始した。山陰道・東海道・東山道・北陸道の各鎮撫総督、中国・四国追討総督、九州鎮撫総督が相次いで任命された。慶応四（一八六八）年一月二八日には関東制圧に大軍を派遣することを決定。二月一五日、東征大総督有栖川宮熾仁親王が京都を進発した。同時に東海・東山・北陸三道の鎮撫総督を先鋒総督兼鎮撫使と改めて江戸への進撃を命じた。

東征軍の軍事力主体は新政府側に加わった諸藩の兵力である。

佐賀藩には二月八日、北陸道先鋒軍に加わることが命じられた。

鍋島肥前守

今般御親征被仰出候《おおせいだされそうろう》ニ付、北陸道先鋒被仰付《おおせつけられ》候条、国力相当人数差出、諸事総督之指揮ヲ受ケ令勉励《べんれいせしめ》候様御沙汰候事

二月八日

但二月十五日迄総督本陣江相揃候様被仰付候事

そこで、佐賀藩では鍋島孫六郎を総隊長とし、藩主直大に随従上京した兵隊六〇〇人を中心に、北陸道従軍部隊を差し出した。

編成は次のとおりである（『復古記』所収「鍋島直大家記」）。

銃隊四二〇人

右役付一一人

砲四挺　司令砲手共二〇人

斥候使番玉薬兵糧方其外役四五人

夫方の者三五六人

以上八二四人

なお右の人数の合計は八五二人であり、記載の「以上八二四人」とは合致しない。また編成人数は史料や文献によって異同がある。たとえば『鍋島孫六郎一手出兵御届書概略写』には「家老鍋島孫六郎ヲ隊長トシ在京ノ兵五百人を率ヒ」とある。右の夫方の者三五六人を除くと四九六人であり、「兵五百人」というのは戦闘人員のみを指すものであろうか。

佐賀藩士古川善作（清親）の記録と思われる『北陸道先鋒奥羽応援日誌』（佐賀県立図書館収集資料）には、「若州兵隊　三百人、芸州右同　百五十人、御当家（佐賀）五百人」とある。

また後述『復古記』北陸道戦記四月四日条の綱文に「肥前藩兵六百人江戸ニ至ル」とあるのは、途中で夫方のうち数百を帰したのではあるまいか。

ほんらい佐賀藩の軍事組織は大組制である。

幕末期には御側四組・先手二組など一六の大組があり、家老家・着座家の家柄から大組頭に選ばれた。鍋島鷹之助（主水家）と深堀領主鍋島左馬助（孫六郎）は先手組の大組頭であった。

しかし、このとき在京する佐賀藩の兵力は直大が召し連れた御側組および臨時選抜の別段御供などの藩兵しかいなかった。もちろん孫六郎も自分の先手組は動員していない。そこで佐賀藩の北陸道追討軍は臨時特別の編成とせざるを得なかった。藩主直大の別段御供として上京し北陸道追討軍に従軍した佐賀藩士副島以順は、大正六（一九一七）年に次のような懐古談を残している。

編成は詳しくは記憶しませぬけれど戦闘部隊は六小隊で一番隊より六番隊迄でありましたが一番隊より三番隊迄が所謂侍許りを以て編成する、四番隊は手明鑓《てあきやり》を以て編成し五番隊は足軽のみで編成されて居りました。六番隊は藩より配属されたのでなく孫六郎殿の護衛として其《その》領地深堀から伴はれたのであります。

右の懐古談にあるように、佐賀本藩兵約五〇〇は一番隊から五番隊に編成された。さらに孫六郎とともに随従上京した深堀武士団は総隊長鍋島孫六郎の直属親衛隊として戊辰戦争に従軍することとなったのである。彼らがいわゆる「六番隊」（「深堀六番隊」、「佐賀六番隊」ともいう）である。

## 深堀六番隊氏名

ところで深堀六番隊全員の氏名を一覧できる史料は、残念ながら現在のところ管見の限り見当たらない。

慶応三（一八六七）年一二月、孫六郎の上京に随従した深堀武士団の氏名は慶応三年一二月『深堀日記』によって確認できる。また後述するように、慶応四年四月、江戸で合流した後続の家士が確認できる。両者を合わせて六番隊と呼ぶべきであろう。

慶応三年一二月、佐賀から随従したのは次の三二名である（『深堀日記』）。

渡辺五郎右衛門　　御側頭御用人

峰弥次右衛門　御用人兼御目付
田代文右衛門　御扈従
樋口作右衛門　同
深堀琢磨　御扈従兼御側目付
深堀助太夫　御扈従
荒木文八郎　同
山本嘉平太　同
古賀松一郎　同
江口尉九　同
堤壮右衛門　御広間兼御祐筆
山口弥平次　同
樋口貞一　別段御供
江口津右衛門　同
緒方収蔵　同
江副豹七郎　同
川副寿一郎　同
田中三郎助　同
大塚慶太　同
高浜伝之助　同

堤兵力　同
江口十作　同
館宗一　御徒《おかち》
峯嘉二郎　同
小西三郎　御鉄砲
多々良鉄之助　同
牧口常一　同
末次秀太郎　同
重松玄雄　御医師
志波原八太夫　御納戸并御台所
森頼助　手許目付
多々良源内　御膳方

なおこのほか松尾伝蔵（御仲間　御草履）・藤山清太夫（御仲間　御鑓）など仲間《ちゅうげん》又者が一一人おり、佐賀を出発した御供人数は先述のとおり四三人であった。

## 北陸道鎮撫

深堀の武士団・深堀六番隊は新政府軍の軍隊として北陸道鎮撫に従軍し、京都から北陸道を江戸に向かって進軍した。

以下、深堀六番隊の動きを眺めてみよう。

北陸道鎮撫先鋒総督は公家の高倉永祐、副総督は同じく四条隆平、参謀は肥後熊本藩の津田山三郎と安芸広島藩の小林柔吉である。一行は、すでに一月二〇日京都を出発し護衛の若狭・安芸両藩兵とともに若狭小浜を経て二月一五日には越前福井に在陣していた。

峰弥次右衛門『東征日記』によると、出征を命じられた佐賀藩京都留守居百武作右衛門は総督府に以下六ケ条の伺書を提出した。

一、菊御紋の旗はこちらで用意するのか。雛形はあるか。

一、兵粮は遠国のため運送が困難につき駅々で提供するよう前もってその筋に通達してほしい。木銭米代などは都度支払でよいか。

一、総督府や諸手へ御用往来する際の印鑑（通行証）などどこから渡されるのか。

一、軍令は総督府本陣に出頭したうえで仰せ渡されるのか。

一、総督府本陣に出頭するまでの休泊日程は当藩で決め、届け出る取り扱いでよいか。

一、輜重その外運送の人馬が不足する場合は駅々から差し出させ、規定の賃銭を支払う取り扱いでよいか。

これに対する回答は以下のとおり。

第一条、追って下賜する。別段調製するには及ばない。

第二条、北陸道ではあらかじめ休泊宿駅を決めにくい。そちらで兵食を弁じられたい。

ただし後日次のとおり下賜する。

一人前　泊　白米四合・金一朱、昼休　白米二合・銭一〇〇文

第三条、追って渡す。

第四条、伺いどおり。

第五条、しかるべく。

第六条、人夫はなるべく少人数とし、宿々継人夫は駅で差し出させる。賃料はこれまで規定のとおり。

こうして、孫六郎を総隊長とする佐賀藩兵八〇〇余名は二月一六日、二条城で菊御紋の旗（錦の御旗）一流を拝領、京都を出発した（『東征日記』）。

前出『北陸道先鋒奥羽応援日誌』には、御当家（佐賀）役々として以下の名前を挙げる。

総隊長　深堀侯
軍察使　渡辺善太夫
軍事局　原次郎兵衛
右同　八並次郎助（のち仮参謀）
右同　倉町義三郎
御武具方　秀嶋卯右衛門
右同　竹野喜伝太
小荷駄方　綾部新五郎
右同　三ケ嶋又右衛門

出発に際して藩主直大公も出場して全軍に祝酒を賜わった。各隊順次繰り出したが、佐賀藩の兵器は精巧で世間の耳目を驚かせた。当時最新鋭の装備であったからである。

大砲は佐賀藩で製造したばかりの四ポンド半施条口装四門、一門ごとに侍四人足軽二人がつき、兵隊は各自最新鋭のスペンサー銃と弾薬七〇発を携行したという（前出副島以順回顧談）。

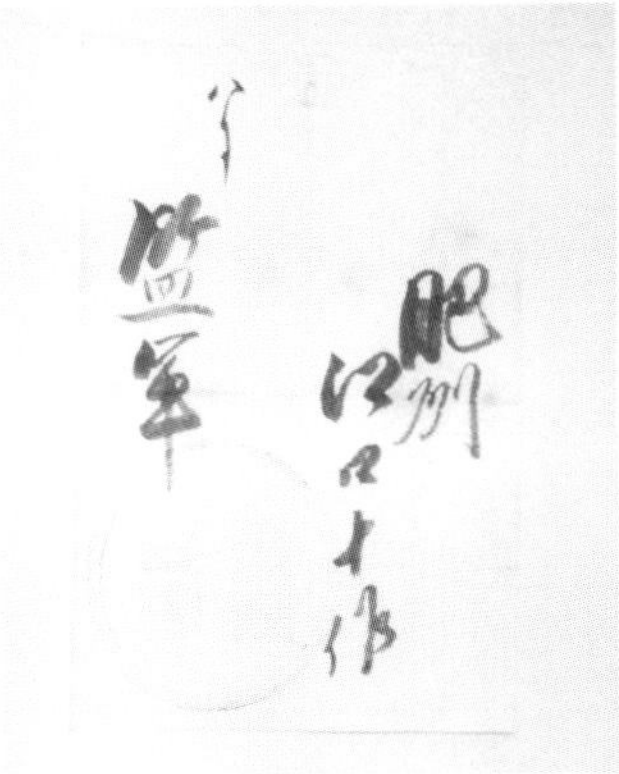

江口十作使用印鑑（個人蔵）

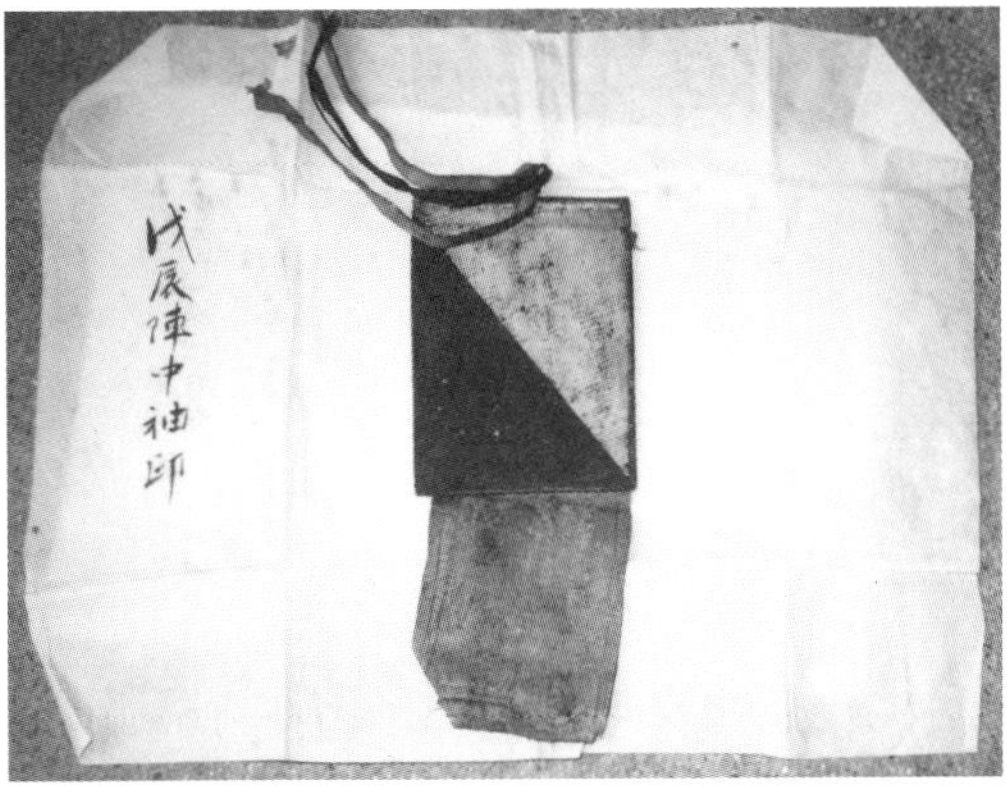


江口十作着用袖印（個人蔵）

江口十作『慶応記』は行軍のさまを「先陣ニ藩旗ヲ建テ中軍ニ菊旗ヲ翻シ全軍ノ兵員錦ノ切レヲ肩ニ着ケタリ」と述べる。

二月一六日、日暮れには大津駅に着陣した。

一七日明け方、本陣に陣貝が鳴り響き全軍に支度を告げた。二番貝で各隊整列、三番貝で先陣から順に繰出すきまりである。大津、石山三井寺、膳所を通り草津駅で昼食、守山駅に宿陣。

一八日、武佐駅で午飯、越川（愛知川）駅に宿陣。

一九日、鳥井本（鳥居本）駅で午飯、長浜駅に宿陣。長浜は羽柴秀吉の旧領、戦国の各雄が争った要地で、人家も栄え世に賞せられる浜ちりめんの産地である。

二〇日、木ノ本駅で午飯、日暮れ柳ケ瀬駅に宿陣した。当所は貧宿にして全軍の宿路は不自由であった。十作は柳ケ瀬で北国特産のニシンを初めて食べた。

二一日、柳ケ瀬を進発、若狭に入り疋田村で午飯、敦賀港に宿陣。敦賀は北国の要港で市街はやや賑わっている。全軍への待遇は頗る丁寧であった。若狭の藩主酒井家が北陸道先鋒の命を受け親族の酒井直江がその隊長だからと思われる。

二二日、敦賀を発し、新保村で午飯、進んで木ノ芽嶺に差し

佐賀藩兵の軍服（佐賀県立博物館蔵）

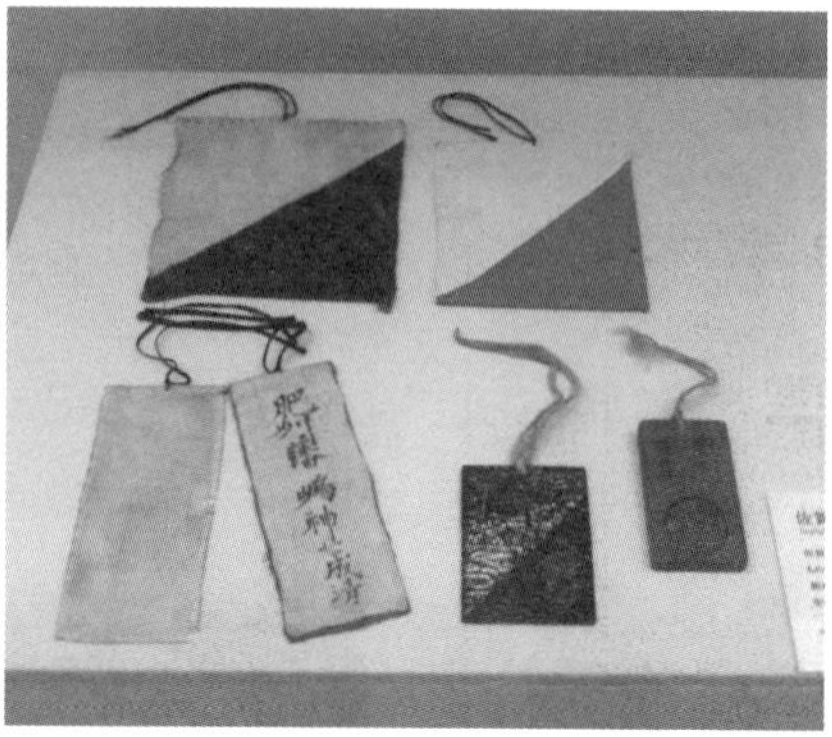

佐賀藩兵の携行品
（佐賀県立博物館蔵 佐賀城本丸歴史館展示）＝著者撮影

掛る。季節は未だ仲春の頃、北国筋はどこも雪が深い。まして木ノ芽峠は有名な峻険である。氷雪を踏んで登ること凡そ一里、頂上に豊太閤の陣跡があり豊太閤の茶釜なりという縁起を書いた草庵があった。そこからくだって今庄駅に宿陣。

二三日（二月）、今庄進発、越前領脇本駅で午飯、今宿駅に宿陣。

二四日昼頃、今宿から浅水駅に着陣。

このとき先発していた総督府は福井に在った。浅水から福井までは路程三里である。ようやく追いついた。直ちに総督府に使者を出し全軍の名簿を提出した。総督府からは御軍令書、陸軍諸法度ならびに加賀金沢までの休泊附を渡された。十作はこれを『慶応記』に写し取った。

御軍令書

一　行軍ノ節ハ毎朝卯ノ半刻支度ニテ辰ノ刻出立ノ事
　　但前軍ヨリ順々繰出可申事

一　駅々人馬継立等ノ節軍列不乱候様其手々々ノ隊長ヨリ指揮可有之事

一　昼休場所混雑無之様支度仕廻次第前軍ヨリ順々出立之事

一　泊宿着陣ノ上酉刻以後一切外出ヲ禁ズ
一　斥候探索ハ先陣ノ専務タルベキ事
一　非常急報ハ先陣ヨリ二陣々々ヨリ中軍ト順次転報可有之事　中軍ヨリ下知等ノ節モ可為同様事
一　各営往来ハ勿論一陣内タリトモ印鑑引合無之者ハ営出入固ク禁制ノ事
一　毎陣若干人刻限ヲ定メ更番巡邏不可怠　夜陰並地利不要害ノ場所ハ格別可為厳重事
一　異変有之節ハ本陣ニ貝立候間早速諸隊一同馳参可申事
　　但出火ノ節ハ其手々々人数纏置本陣ノ差図ヲ可請事
　　　　北陸道総督府

　　陸軍諸法度条々
一　長官々々ノ差図ニ随ヒ諸事厳重ニ覚悟可有事
一　一勝ニ驕慢シ一敗ニ不可挫折事
一　近戦ノ節ハ惣軍ヲ二ツニ分テ其一ヲ先陣トシ其一ヲ中軍トシ更番ニ可相勤事
　　但路ノ遠近地ノ広狭ニ拠リ二駅或ハ三駅ニ分配止宿ノ儀モ可有之事
一　行軍ハ六里内外ヲ以テ定刻トス可キ事
　　但敵地ヨリ先ハ必ス申刻ヨリ内宿陣勿論ノ事
一　惣軍ノ内更易々々自分地方ニテハ十分ノ一敵地ヨリ先ハ五分ノ一ノ人数ヲ以テ斥候差出巡邏不怠可相勤事
一　帰順ノ者ハ先ヅ先手ニ相加ヘ置実行相顕候上寛容ノ御処分可有之事

右からスナイドル銃、スペンサー銃、エンフィールド銃、ゲベール銃（佐賀城本丸歴史館展示）＝著者撮影

一　宿陣ノ不自由宿駅人馬ノ纏等無余儀次第ハ令
勘弁聊権威ケ間敷無之様可相心得事
一　軍中ニ於テ上下貴賎寝食労逸ヲ可同事
一　浮説流言等総テ軍勢ノ気鋒ニ相拘リ候事固ク
不可唱　味方又ハ敵ノ情実難被差置事件聞及
候節ハ早速中軍ニ申出ベキ事
一　猥リニ神社仏閣ヲ毀チ或ハ民家ヲ放火シ家財
ヲ掠等乱妨狼藉ハ勿論押買等固ク禁制ノ事
一　喧嘩口論又ハ陣場ノ争ヒ等不致様精々可相心
得事
一　外国人ニ行逢乱妨無礼難捨置節ハ召捕置中陣
へ申出候ハ、曲直其国ノ公使ニ相糺シ至当ノ
御処置可有之ニ付猥リニ発砲斬殺等固ク禁制
ノ事
　但外国人ノ居住所へ猥リニ不可立入事
一　銃砲弾薬並金穀等分捕ノ品々ハ中軍へ可申出
事
右之条々固ク可相守者也
慶応四辰年

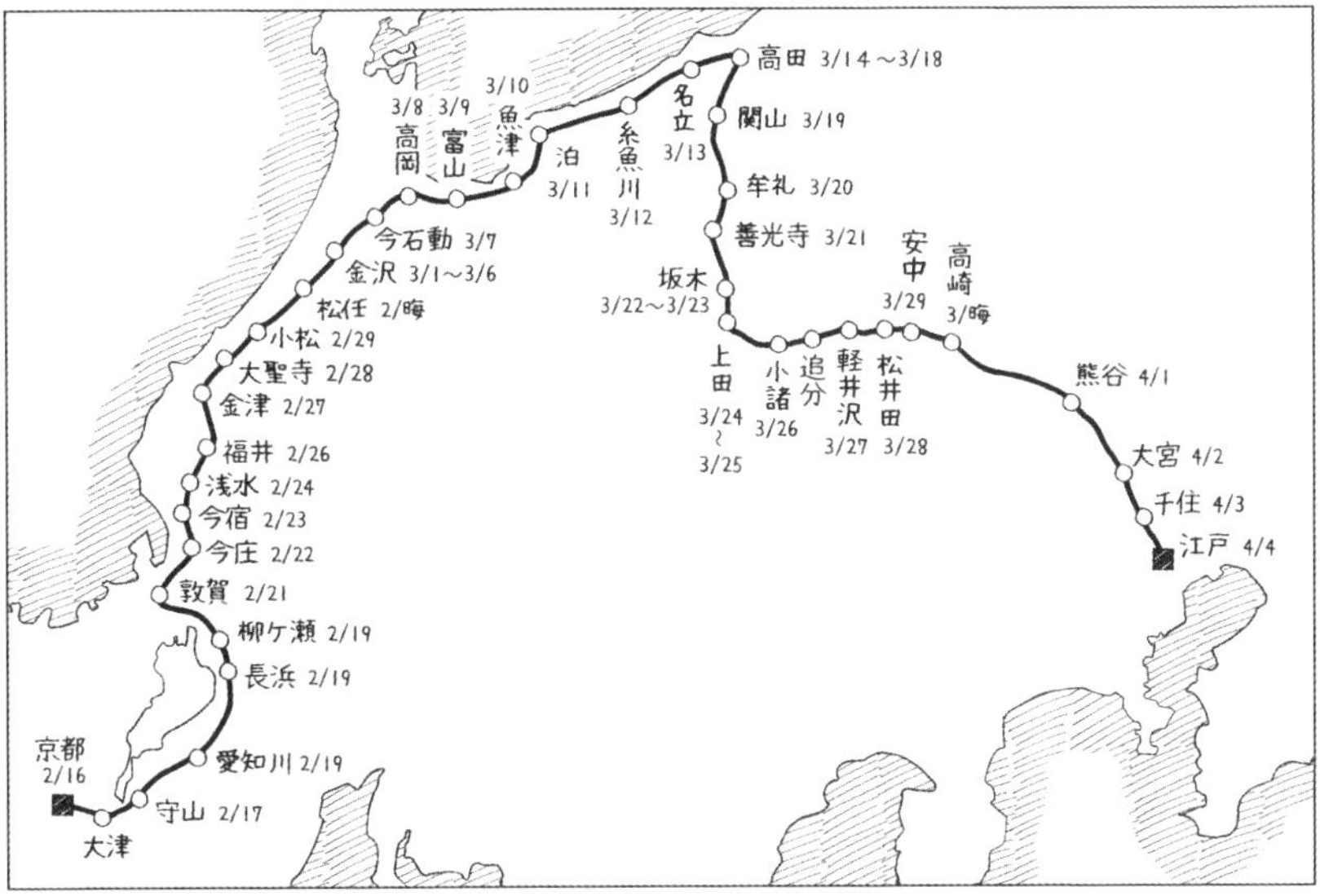


深堀六番隊北陸道行軍進路

## 陸海軍大総督府

### 福井から江戸へ

二月二六日午後進軍、福井の城下に入った。佐賀軍本営は東本願寺であった。西本願寺は総督府本営である。こうしてようやく先発した若狭・安芸の二藩に追いつき三藩が会同した。

峰弥次右衛門『東征日記』にも孫六郎が総督府に挨拶に出向いたことや京都に飛脚を立てて国許にこれまでの状況を知らせたことなどが見える。

鎮撫使（新政府軍）一行の逗留と佐賀兵の到着は福井の町に時ならぬ繁盛をもたらしたらしい。福井の隣、大野の庄屋は次のように記録している。

先日福井へお越しの鎮撫使が御滞留のところへ佐賀鍋島様の御軍勢八〇〇人が到着され、福井の町は繁昌している。また町家の商いもある。金貨での商いで町人は喜んでいるらしい。越前では藩札を金に変えてくれず金貨が払底していたからである。

【史料原文】

先日福井へ御尊来之鎮撫使未夕御滞留之所、鍋嶋侯御人数八百人御入来ニ而、福井町之繁昌且町家之商も有之、尤金ニ而之商ニ而町人悦候由、越前国諸之札座金出不申、金払底之所故如此ニ候（『福井県史』資料編一〇）

福井の町人が金貨による現金商売に喜び鎮撫使一行の到来を歓迎した様子がうかがえる。

さて、引き続き『東征日記』および『慶応記』の記述。

新政府軍は途中ほとんど抵抗を受けることもなかったので、しばらく旅次行軍の単調な記事が続く。

二七日（二月）、進軍、長崎駅で午飯、金津駅に宿陣。

二八日、金津進発、立花駅で午飯、加賀大聖寺の城下に宿陣。宿所は油屋久右衛門宅である。

二九日、大聖寺発。月津駅で午飯、小松に宿陣。小松は一〇万石の城下である。先陣の若狭勢も当所に滞留していた。ちょうど雪解けのため手取川が川留となっていたのである。北国筋は春になれば雪解けで川留が多い。このころ田圃の麦はみな雪の下でおよそ二～三寸に成長していた。梅と桃が同時に開花するらしい。

晦日朝、川留が解除されたので若狭勢に続いて進発、松任宿《まっとう》に宿陣。この日、飛脚便で深堀からの書状が届いた。

三月朔日朝、松任を進発、野々市で午飯、金沢城下の本陣長瀬成太郎宅に着陣し数日滞在した。若狭勢は昨日のうちに金沢に着陣、総督は明日着陣の予定である。総督宿所東本願寺坊所を警衛するため佐賀兵一隊を差し出した。

金沢は前田家の城下にして北国一の大都会である。市街は繁栄して男女人品骨柄は最も優美、無事泰平の風情があった。藩主よりの待遇は殊に鄭重で召使などの給仕人に至るまで麻上下を着用している。夕食前には特に酒肴を供されることもあった。

五日、総督から隊長らに盃を賜ると呼び出されたが、孫六郎は体調がすぐれず断った。佐賀藩隊長原次郎兵衛・渡辺善太夫・八並次郎助が参上した。

六日、総督から兵隊一同に酒肴を賜わった。佐賀勢には酒二石・干鰯八五〇〇ツ、一人二合三夕・一〇喉ずつであった。この日、先発の若狭勢が出立した。

七日、金沢を出発。孫六郎は体調不良により珍しく駕籠を用いた。時に越後の国情は未だ定まらなかった。総督府は佐賀兵のうち二小隊を分け芸州兵と合せて総督護衛軍とした。折から雪が降り積り、三月というのにあたかも深堀の厳寒の時候のようである。津和江（津幡）宿で午飯、倶利伽羅《くりから》峠を越えた。倶利伽羅峠と砺並山は越中加賀の境界に接し、通路は狭隘、谷は深い。その昔源平の古戦場である。雪で路地が悪く行軍は難渋した。峠を下り今石動《いまいするぎ》駅に宿陣。

八日、今石動進発。昨夜の降雪が屋根瓦・庭木に積もっている。福岡駅で午飯、高岡駅到着、本陣岡本屋清蔵宅に宿陣。

九日、高岡進発、小杉新町で午飯、越中富山の城下に宿陣。城下の入り口に大河があり舟橋を懸けていた。富山は有名な丸薬の産地で万金丹《まんきんたん》や反魂丹《はんごんたん》は莚・戸板に干し並べ農家に豆を干したようであった。弥次右衛門も熊膽反魂丹《くまのいはんごんたん》を買いたかったが買いそびれたと記している。

一〇日、富山進発、水橋駅で午飯、魚津駅宿陣。

一一日、魚津を出発、三日市宿で午飯、泊リ駅本陣小沢屋喜四郎宅に宿陣。

一二日、泊から越後領に入り北国一の大難所親知ラズ子知ラズを越える。道路険悪、右は数丈の絶壁、左は漫々たる北海である。地元の者が案内、男浪女浪に進め止れの指図にて全軍難なく通過した。宇田駅で午飯、糸魚川《いといがわ》に宿陣。

一三日（三月）、糸魚川進発、能生《のぶ》町御昼、名立宿橋本善四郎宅に宿陣。ここには大和川という大河がある。この両三日は海浜砂原の行軍が続き全軍大いに疲労した。

一四日、名立進発、大津宿にて午飯、高田の城下に入る。上呉服町三国屋八郎右衛門宅に宿陣。ここは富山侯の本陣宿という。一行四四人が宿泊する広さは相応にあるが、諸道具は粗末である。特に食事は粗末、亭主が無風人で便所も不勝手であった。

一五日七ツ過ぎ頃、総督高倉卿一行が着陣し孫六郎は挨拶に出向いた。高田藩から警衛二隊が出動、町廻りを整えた。銃隊もいるが小銃は若狭兵同様旧式のドントル銃である。

一六日、高田に滞陣。『東征日記』によると、この日孫六郎は、佐賀勢の御仕与方《しくみ》・御目付方・御武具方・小荷駄方の役々二三人を招いて、京都進発以来の行軍を慰労した。また侍隊五隊・手明鑓《てあきやり》一隊・足軽二隊の各兵隊および人足小頭三〇人・京都から通しの人足三〇〇人、合計八〇八人にも銘々の宿で酒肴を分配、慰労した。

京都からの飛脚便が届いた。中に京都でのはやり歌が書いてあった。京坂とも流布して佐賀勢の人気が高いという。

一ツトセー　一番出兼し鍋嶋が世を治めんと御役する　コノゴクローナ
二ツトセー　西から出てくる鍋嶋はスヘンセールは珍しや　コノゴクローナ
三ツトセー　都に出でて鍋嶋は誠におどろく武器がある　コノゴクローナ
などと一二番までの歌詞を弥次右衛門は書き写している。

一七日、弥次右衛門は「当所産の刀剣金物」を購入した。この日はこの記事しか記載がない。平穏であったのであろう。もっとも『慶応記』には、高田在陣中、賊軍が新潟・水原・酒谷・越谷などに潜伏出没して兇謀を抱くとの報があり、諸軍進討し処分を行ったとの記述がみえる。

実はこのころ越後地方では浮浪無頼の徒が義名を借りて金穀物を略取する狼藉が横行するとの風聞があった。総督府は越後諸藩に命じてこれを取り締まらせたのである（『復古記』）。

一八日、今日、軍費三〇〇両を小荷駄方から渡された。金沢で五〇〇両願い出ておいたもので残りは後日到着次第渡す由である。

御出陣方から明一九日五ツ半時進発するよう廻達された。会津兵が越後へ入込み高田を襲撃するとの風聞があったが、総督は越後鎮撫のうえは一刻も早く江戸に向かうべきであるとの軍議により、にわかにこの陣触れとなったものである。

また、これまでは安芸兵が総督護衛を勤めたが、少人数の芸州兵に代わり武器も充実している佐賀兵がこれを担うことになった。若狭先鋒、安芸二陣、佐賀全軍は中軍である。『東征日記』には総督と副総督を守衛する佐賀兵隊列の詳細がみえる。

太鼓　一番隊　御旗（紅白二流）　太鼓　使番　三番隊　四条殿（副総督）　三番隊　四条殿小荷駄　御旗（赤地）　二番隊　御旗　御幟半《しはん》　四番隊　高倉殿（総督）　四番隊　太鼓　五番隊　佐賀藩幟半　使番　総隊長（孫六郎）手廻　野戦銃武具方　小荷駄方　郡目附・下目附　太鼓　六番隊　斥候

太鼓や紅白二流の旗を先頭に、四条副総督の両側を三番隊が護衛。錦旗を掲げて、総督高倉卿の両側は四番隊が守衛、前後を二番隊と五番隊が固めた。もちろん四斤大砲やアームストロング砲も引いた。六番隊は殿軍《しんがり》である。

一九日（三月）、高田進発。北国街道を信濃に向かう。

出発前、孫六郎は宿所から総督本陣へ行き、陣貝を合図に両卿御出馬。高田出発に際し藩主榊原家の老臣久代勘右衛門ら上下十四〜五人が付き添った。二本木宿で午飯、関山宿到着。村越惣兵衛宅に宿陣。当宿も山間の雪深い在郷ながら心ばかりの饗応は整えられた。これまでは佐賀勢だけの本陣であったが、今日からは総督本陣があるので駅々の饗応がみられたのであろう。

二〇日、関山駅進発、二俣関川で小休、野尻宿にて午飯、夕七ツ時分牟礼駅に宿陣。弥次右衛門の日記には「宿主が、『御旅館を仰せ付かり誠にありがたく子々孫々まで申し伝えます』などと挨拶、菓子酒食を差し出した。七〇〇疋の礼金を渡した」などとある。

この日は道中難路のうえ雨天で至極難渋した。四条副総督から病人など出なかったかと慰問の使者があり、弥次右衛門が応対した。また佐賀で留守を預かる田代大九郎からの書状が到着した。六番隊の後続部隊として士分二〇人・足軽三〇人を派遣すべく藩の請役所に伺いを出しているという。

二一日、善光寺駅に宿陣。十作は有名な長野善光寺に参詣した。高壮盛大な伽藍であった。

二二日、善光寺を進軍、川中嶋に到る。武田上杉の古戦場、茶臼山・犀城山の起伏を眺め、犀川筑摩（千曲川）の奔流を渡った。大自然の前には両雄の争いも結局は瑣細な獲物に過ぎない。この日は矢代宿で午飯、坂木駅に宿陣。総督が所労のため翌日まで滞陣。

二四日、坂木進発、鼠駅で午飯、上田の城下に宿陣。出陣方から総督・副総督不例につき上田に滞留すると通達された。

佐賀藩の下目付から現況報告書が提出され、弥次右衛門はこれを書き写した。二五日、滞陣。弥次右衛門は城の東方にある小山から城下を一見した。五万石相応の賑わいである。この日、佐賀軍使番の福嶋礼助が越後探索から帰着し、孫六郎に下越後の状況を報告した。二六日、上田進発、海野駅にて午飯、小諸の城下に到着、本陣桐屋瀬左衛門宅に宿陣。二七日、小諸から浅間山の麓を通る。海内一の噴火山、黒煙天に漲り麓の荒野茫々、焼石焼土が散布して誠に奇観。この日は追分宿で昼休み、追分からは中仙道である。

軽井沢本陣佐藤忠右衛門宅に宿陣。当駅の寺院内にて芸州藩士両名が屠腹した。前駅坂木で遊蕩し酔狂の所行あり軍律を正すためという。実に憐れむべきことである。

二八日、軽井沢進発、碓井峠に差し懸る。北方の関門として東海道の箱根と並び称される要所である。わずか七~八丁を登ればすぐに三里のくだりという。頂上に有名な権現社がある。この日は雨のため大霧が発生、咫尺を弁ぜぬ状況となり雷が足下に轟くようである。あたかも仙境に入り雲上を歩む思いがした。信州一円の地形は他国にくらべ高地であることがこれによっても知られるであろう。漸く降りて坂本駅にて午飯、松井田駅到着。本陣松木駒兵衛宅に宿陣する。雨天の上、難路の行軍にて全軍大いに疲労した。総督府からの使いが来て全軍への慰問があった。弥次右衛門が応対、孫六郎も面会した。十作は次のような感想を記している。

北陸道の総督・高倉卿は勇壮な気性の人であった。また軍中においては上下労逸を同じくすると言い、風雨雪の日といえども或いは険路を凌ぐといえども豪も屈する色を見せず騎馬あるいは歩行を続けた。泰平の久しきに慣れた公卿の身であるのにと皆感じ入った。このため全軍大いに心服した。将帥たる者の最も緊要の務めというべきであろう。

二九日（三月）、出発の仕度をしていると、板鼻川・柳瀬川が満水につき例刻より少々遅く出発し本日は安中に宿陣する旨の触状が来た。雨が止み段々晴れて汗をかくほどであった。安中城下に到着、本陣金井庄助宅に宿陣。

三月晦日、にわかに先触れの宿割りが達せられた。宿陣所の部屋割りなど見繕うため手許目付の森頼助を派遣した。東山道鎮撫使の岩倉卿が板橋に滞陣し、この先中仙道が混雑するから、熊谷からは奥州街道に迂回して千住を経て江戸に入るべしとの軍議がまとまったのである。奥州街道は会津にも直結する。弥次右衛門は、もちろん会津兵が押し寄せた場合は一戦する覚悟であると日記に記述している（ただし後述二日・三日の記事を見ると板橋の少し手前駅までは中仙道を進んだようである）。

公家の岩倉具定を総督とする東山道鎮撫軍は三月一三日、板橋に到着したが、西郷・勝会談による江戸開城が決まり、しばらく板橋に駐留していたのである。

さて一行は合図の貝を吹き立て、四ツ半ころ安中を進発、八ツ過ぎころ高崎城下、新町越後屋源兵衛宅に宿陣。高崎は松平右京亮八万二千石の領地である。

四月朔日、卯刻に高崎発、倉ケ野新町で昼食、日暮れ前には熊谷到着。本陣石川藤四郎宅宿陣。挨拶金五〇〇疋を渡す。

二日、熊谷進発、鴻巣駅で午飯、大宮駅に到着、栗原吉右衛門宅に宿陣。挨拶金五〇〇疋。

三日、五ツ時ころ大宮進発、川口駅で午飯、七ツ時ころ千住に到着、井上勘兵衛宅に宿陣。

まもなく江戸である。

孫六郎は佐賀隊使番の田中覚太夫と福嶋礼助を使者に出した。横浜に出張中の藩主直大に千住到着を報告するためである。

この日、六番隊の面々に扶助金が配給された。御用人ふたりには一五両ずつ、士分には一三両ずつ、中小姓・御徒・御仲間・手男にはそれぞれ一〇両ずつであった。

四日、昼食後、千住を発ち江戸に入り八ツ時分に浅草東本願寺に着陣した。総督をはじめ佐賀・広島・小浜の藩兵も惣軍寺内に屯集した。

以上、見たように北陸道では戦闘らしい戦闘もなく、二カ月足らずの間ゆるゆると行軍した。『慶応記』の述懐にも『東征日記』にも戦争の緊張感はほとんど感じられない。

## 江戸での警衛

四月四日午後、北陸道鎮撫総督軍は江戸に進入。浅草東本願寺を本営とした。

五日、本営陣門出入停止につき諸用は従僕をもって弁じるよう達しられたが、従僕では間に合わないので、手男善太郎のほか御徒《おかち》多々良源内と小西三郎をこれに宛てたいと御出陣方に示談を遂げ、印鑑を受けた。

ところで、四月八日から翌閏四月一九日までの一ト月余りは弥次右衛門の記録がない。「別記ニ記ス」というが、散逸したらしく見当たらない。以下しばらくは『慶応記』の記述のみにより、適宜、前出の古川善作『北陸道先鋒奥羽応援日誌』を参照する。

当時江戸の情勢たるや紛々擾々、旧幕府旗本の壮士らは隊伍を組み、彰義隊・新撰隊と唱え輪王寺宮を擁して上野東叡山を根拠として四方に横行、不平粗暴の挙動をなし近郊を騒がし市街を脅かし騒

西郷・勝会見地の碑（東京都港区）

然たるありさまであった。北陸道鎮撫軍三藩の兵を分け江戸市中の要衝を警備した。

六日（四月）、佐賀兵一小隊が海軍応援のため海軍総督大原侍従卿に属した。また三小隊が千住に出動した。

海軍応援は足軽隊で、品川に派遣された。千住出動は、七日から九日まで佐賀兵一番隊・二番隊・三番隊が、会津などへの街道入口にあたる小塚原を警固したのである。慶喜公江戸退去につき不穏の様子が見え、所々に府下の幕兵が集合し大声を発したので、巡邏を厳重にしたという（『北陸道先鋒奥羽応援日誌』）。

この日（四月六日）、深堀の人数二十人が着営した。

九日、北陸道鎮撫総督府は陣所を浅草観音寺の背後、六郷兵庫頭屋敷（本荘藩邸）に移転した。本願寺は四方に人家が接近して不要害なためである。旧幕兵は好んで私闘を企てんとする挙動が多く官軍の警邏兵を罵詈するなど無礼の所為があったが官軍はこれを避けていた。

一〇日暁、慶喜公江戸退去。

一一日、江戸開城。

これより先三月一四日、西郷隆盛と勝海舟の会談によって決まった無血開城である。

一一日黄昏、旧幕臣一名が参謀に謁見したいと営門に来た。兇謀を抱いたものである。捕縛して営

円通寺に移築された寛永寺黒門には上野戦争の弾痕が残る（東京都荒川区）

獄に下した。これは彰義隊頭分の者であるという。かつ輪王寺宮を擁して脱走を計るとの風聞もあった。

一三・一四の両日、佐賀兵四小隊は両国橋・吾妻橋を封鎖守衛した。

一九日、東征大総督府から「北陸道鎮撫総督は上野東叡山に御転陣あるべき」旨の使者が派遣された。しかし上野屯集の暴徒等は門を閉じて拒絶した。やむなく北陸道人数を以て上野討伐の処分を行うため上野の山を囲んだ。敵兵も要所を守り応戦してきた。戦闘中、自分の銃砲に誤って発火し、佐賀軍の手明鑓・馬渡雄蔵即死、渋谷久次郎が重傷。こういう形勢に市街は恂然となった。しかしなぜか一転、大総督府の命令により転陣を中止した。翌二〇日、各軍囲みを解いて引揚げた。

二一日には佐賀藩邸桜田屋敷が海軍総督大原卿の本陣となり、佐賀兵・薩摩兵・久留米兵が宿営守衛した（『北陸道先鋒奥羽応援日誌』）。

二二日、大総督江戸城入城。

東征大総督は有栖川宮熾仁親王である。

二三日には北陸道鎮撫先鋒隊の四条副総督が供揃いで江戸城に登城したので、佐賀一番隊と四番隊が守衛した。こののちも高倉総督や四条副総督の登城には佐賀三番隊・四番隊が御供し守衛している（『北陸道先鋒奥羽応援日誌』）。

同日（四月一三日）、慶喜公の水戸引越に御供していた旧幕兵およそ三〇〇人が江戸にもどった。これに備前藩の警邏兵が直ちに発砲、両三人を斃したが敵は応戦しなかった。また薩州兵も繰出した。幕兵はしきりに叛意のないことを言い兵器を悉く官軍に渡してきた。官軍粗忽の至りというべきである。しかしこれもまた時勢の災であろうと、十作は述べる。

閏四月朔日、北陸道鎮撫総督府の陣所が越前藩邸に移った。佐賀兵もこれに従った。

同日には佐賀四番隊と大砲隊は小塚原を警固し、三日には武州亀有村まで出動した。前夜、幕府軍と官軍が下総新宿で交戦、官軍の藤堂・岡山二藩が敗退したため応援を求められたのである。また四日には佐賀五番隊と大砲隊や若狭兵・広島兵も繰り出した。五日には下総松戸宿まで出動、夜には所々に砲声があり不穏であった。八日になって帰営した（『北陸道先鋒奥羽応援日誌』）。

## 後続六番隊

少し遡るが、前述したように『慶応記』四月六日条に「此ノ日深堀人数二十人着営ス」とある。後続の深堀家士があったのである。三月二〇日牟礼駅で受け取った佐賀留守居田代大九郎の手紙にも後続隊を派遣予定と報告があった。これについては『東征日記』が詳しい。

四月四日、弥次右衛門たちが千住で江戸入りの仕度をしていると、深堀の家臣山田又蔵が到着した。後続隊二八人が来るという。かれらは京都から北陸道を追いかけ四月朔日松代に着いた。あさって六日には江戸に到達する予定である。さっそく御出陣方に報告した。

藩主直大付き年寄である中野数馬・原田小四郎から孫六郎に宛てた三月一四日付書状によると、二月初め京都で北陸道鎮撫隊を命じられた孫六郎は、纔かの同勢で遠国の戦場に赴くには心元無く在所深堀に強壮の者七五人を選んで跡を追い懸けるよう命じたらしい。これを受け二月二五日深堀を出発し京都に到着したが、なぜか中野らはこのうち士分一五人・足軽一三人のみを送ることとし、残りは国許に返している。こうして一行二八人は官軍兵隊の肩章である錦切れを受け取り、藩の郡目附坂田源之助が付き添って三月一四日、京都から江戸に向かったのである。

ここに後続の深堀勢は四月六日四ツ時分江戸に到着、これまでの六番隊に合流した。次の面々である。

長渕菅右衛門　西久保平九郎　江口十郎太夫　堤甚吾　向井喜助　向井甚七　大久保大介　深町運八　原岡善次　小川右源太　山田又蔵　川原泰三　大川宗一郎　宇都宮卯太夫　横尾柳碩（医師）

足軽十三人（氏名不詳）

これで当初からの四三人とあわせ総勢七一人が孫六郎の供人数となった（ただし長渕菅右衛門と江口十郎太夫は翌月国許へ帰った）。

さっそく全員を新しい御供割に編成し、新たな組分けも決めた。

一　御馬廻　　深堀琢磨

荒木文八郎

田代文右衛門

樋口貞一

古賀松一郎

江口尉九

堤壮右衛門

山口弥平次
一　御馬口取　館宗一
出人壱人
一　御馬廻　西久保平九郎
堤甚吾
向井喜助
小川右源太
江口津右衛門
高浜伝之助
江副豹七郎
田中三郎助
一　御医師　横尾柳碩
重松玄雄
一　御側頭　渡辺五郎右衛門
従者壱人
一　御草履　松尾伝蔵
一　御鐙　藤山清太夫
一　御跡備　深堀助太夫
山本嘉平太

江口十郎太夫
山田又蔵
江口十作
緒方収蔵
志波原八太夫
森頼助
向井甚七
深町運八
大久保大助
原岡善次
大塚慶太
堤兵力
川原泰三
川副寿一郎
多々良鉄之助
末次英太郎
宇都宮卯太夫
小西三郎
牧口常一

峯嘉次郎
大川宗一郎
多々良源内
　足軽十人
長渕菅右衛門
峯弥次右衛門
　従者弐人
樋口作右衛門
　従者壱人

一　惣従者六人
一　小荷駄
　　宰領　田中良助

新たな組分けは以下のとおり。

深堀助太夫（伍長）　山本嘉平太　西久保平九郎　堤甚五　向井喜助　小川右源太
　江口津右衛門　高浜伝之助　江副豹七郎　田中三郎助　従者友吉　同留次郎
江口十郎太夫（伍長）　江口十作　向井甚七　大久保大介　川原泰三　多々良鉄之助
　宇都宮卯太夫　牧口常一　大川宗一郎　足軽五人　従者甚太夫
山田又蔵（伍長）　緒方収蔵　深町運八　原岡善次　堤兵力　川副寿一郎　末次英太郎
　小西三郎　多々良源内　峰嘉次郎　足軽五人　従者彦太郎

右の外、樋口作右衛門その外はすべて孫六郎の御本陣。

ちなみに佐賀藩の北陸道先鋒隊も江戸到着後、多少編成替えされた。前出副島以順回顧談はつぎのように述べる。

江戸到着後間もなく此《この》北陸道鎮撫先鋒隊を多少編成換になりまして一番隊より六番に至る迄の小隊の内より遊撃隊、応変隊、遊兵と名くる三隊を分離せしめ総てを九箇小隊に区分されました。此区分は戦争上の都合に依るのでなく意気の合ふ者を以て一隊を編成したと云ふ様な次第で手明《てあき》鑓《やり》許りで成立して居つたのであります。

深堀六番隊を含む佐賀兵九個小隊は北陸道鎮撫後も引き続き江戸での警衛活動にも従事したのである。

# 第二章　東北への転戦

東名浜（東松島市）

## 四月までの状況

ここで、これまでの状況を時系列的に概観しておく。

慶応四年一月三日　鳥羽伏見の戦い。新政府軍が幕府軍を圧倒。
一月五日　東海道鎮撫総督に橋本実梁を任じる。
一月六日　将軍慶喜、大坂城を脱出（一二日江戸城に入る）。
一月一九日　東山道鎮撫総督に岩倉具定を任じる。
　同日　北陸道鎮撫総督に高倉永祐を任じる。
二月八日　佐賀藩に北陸道出兵が命じられる。
二月九日　有栖川宮熾仁親王を東征大総督とし東海・東山・北陸の三道総督を指揮、各道先鋒軍とする。
二月一六日　北陸道出征の佐賀藩兵、京都を出発（二〇日、福井で合流）。
三月一一日　東海道先鋒軍、江戸に入る。
三月一三日　西郷隆盛、勝海舟と会見（翌日も）。
四月四日　佐賀兵ら北陸道先鋒軍、江戸に入る。
四月一一日　新政府軍、江戸城を接収（江戸城無血開城）。

## 奥羽鎮撫使

月が替わって、閏四月九日、東征大総督府は、北陸道先鋒軍総督に所属して江戸に滞在していた佐賀兵三百人に対し「荘内追討援兵として支度出来次第出張致すべし」と命じた（『復古記』北陸道戦記)。小倉兵にも同様である。

これより先、三月一八日、薩長新政府の奥羽鎮撫使一行を乗せた軍艦が仙台領潜ケ浦《かずきがうら》に入港、二三日、仙台城下の藩校養賢堂《ようけんどう》に着陣した。東北における内戦の開始である。

鎮撫総督は九条道孝、副総督沢為量、参謀は公家の醍醐忠敬のほか長州の世良修蔵と薩摩の大山格之助（綱良）である。薩摩・長州・筑前の藩兵三〇〇が従っていた。しかし会津・庄内両藩の抵抗や新政府軍に対する東北諸藩の反感の前に、全く成果をあげられない状況が続いていた。そこで新政府は佐賀と小倉の両藩兵を応援部隊として投入したのである。

## 庄内追討応援

庄内攻撃応援を命じられた佐賀藩は、孫六郎一手の北陸道先鋒隊のうちから精鋭三〇〇人を選び、さらに藩主直大に随従東上した藩兵のうち江戸溜池の藩邸に駐屯中の者を加え、七五三人の大部隊を差し出した。総隊長は鍋島孫六郎、副隊長本島藤太夫、軍事局田村乾太左衛門および福島礼助である。

こうして深堀六番隊も孫六郎直属親衛隊として東北戦線に出征することとなった。

小倉藩は平井小左衛門を隊長とする兵隊一四二人である。

大総督府は閏四月一九日、佐賀藩士前山清一郎（長定）を庄内征討応援参謀に任じ、両藩兵を引率、指揮をとらせた。

ところでこの時、孫六郎はこの出兵を辞退したらしい。『復古記』につぎの記事がある。

北征記事ニ云。閏四月九日、大将参謀命ジテ云ク肥前兵隊羽州庄内ニ遣シ援タラシメン。鍋島孫六郎請フテ之《これ》ヲ辞ス。十六日、肥前藩兵庄内ニ赴クヲ辞スルコトヲ聴《ゆる》サズ。

なぜ孫六郎が辞退の挙に出たのか、残念ながら前後の事情はわからない。『慶応記』にも何の記載もない。また『東征日記』はこの時期（四月八日～閏四月一九日）の記事を欠く。

思うに孫六郎の任務はもともと藩主直大の京都警衛守護であった。それが北陸道先鋒軍に組み込まれ、政局のうねりに翻弄されてここまで来たが、東北の戦場に赴くには準備も不足し、北陸道鎮撫の長途で兵も疲れていたであろう。自分の配下大組すら動員していない。かかる状況では孫六郎ならずとも熟考を要したであろうことは想像に難くない。

## 『鍋島直正公伝』は誤り

この庄内征討応援出兵に関して『鍋島直正公伝』は、「五百余人を選択して一大隊を編成し、田村乾太左衛門（昌宗）を隊長と為し、其他小荷駄、医師、運輸卒等凡て八百人を遣ること、為し、出陣方の相談役本島藤太夫、附役石井又左衛門以下を差し添へ」（同書第六編二三六頁）と記述する。

しかし、これは誤りである。

古川善作『北陸道先鋒奥羽応援日誌』には、「御一手役々左之通」としてつぎの名前を列挙している。

総隊長　深堀侯
援兵参謀　前山清一郎
副隊長　本島藤太夫
軍察史　竹野喜伝太
御武具方　江口十郎左衛門

軍事局　田村乾太左衛門
右同　福島礼助
右同　馬渡雄左衛門
右同　納富精一郎
小荷駄方　綾部新五郎
　三ヶ島次右衛門

右の「深堀侯」が鍋島孫六郎のことである。

乾太左衛門はのちに庄内攻撃山道口方面の佐賀兵隊長となり、また参謀添役に任じられ（『復古記』）、十二所口佐賀勢の指揮を執ったが、このときは軍事局附役で、孫六郎の隷下にあった。山道口や十二所口で隊長を勤めたので、『鍋島直正公伝』は乾太左衛門を佐賀藩羽州出兵部隊の隊長と誤解したものと考えられる。

『復古記』所収「仙台藩記」には「肥前参謀前山清一郎、隊長鍋島孫六郎、本島藤太夫、馬渡右左門（ママ雄左衛門カ）、田村乾太左衛門参営」とあり、藤原相之助著『仙台戊辰史』には「佐賀の精兵三百（ママ）人、隊長鍋島孫六郎、副隊長本島藤太夫、軍事係田村乾太左衛門、福嶋礼助」とある。

また『鍋島直正公伝』は他にも孫六郎が越後新潟から海路羽州に赴援したなどの誤った記述（同書第六編二七二頁ほか）が何ケ所かみられる。

これは、小城藩兵とともに新潟経由で秋田に入った鍋島縫殿助《ぬいのすけ》の一隊のことか、あるいは武雄の鍋島上総が当初は越後赴援を命じられたことかを誤解したものであろうか。不審である。

この『鍋島直正公伝』の誤りは、古くは『佐賀藩銃砲沿革史』『佐賀藩海軍史』も踏襲し、その後の研究者も同様である（たとえば杉谷昭『鍋島閑叟』（中公新書　一七五頁）など）。佐賀にあっても今なお庄内征討応援部隊の隊長を田村乾太左衛門として、総隊長である鍋島孫六郎に言及しない記述が多いのは残念である。

## 仙台へ

引き続き、江口十作『慶応記』および峰弥次右衛門『東征日記』の記述を読み進めてみよう。

庄内追討応援の命を受けて、鍋島孫六郎を総隊長とする佐賀勢は江戸を発った。

閏四月一八日。北陸道総督府を辞去し全軍品川宿に至る。

同二〇日。品川に滞陣。佐賀藩軍事局からつぎのような廻達があった。仙台から先は小藩が多く人馬提供は困難である。駅々に迷惑をかけるのは官軍鎮撫の御仁意にもとる。なるだけ当用の身支度にとどめるよう。

弥次右衛門は、江戸滞在費用として五〇〇両の立替を藩の小荷駄方に願い出ていたが、東北出陣にあたりさらに五〇〇両を願い出た。合計千両、しかし藩は三〇〇両しか渡せないという。三百や五百ではどうしようもない、せめて七百と粘った。ようやく五〇〇両が渡された。

この当時、深堀の財政事情は厳しかった。昨年来、弥次右衛門や用人の渡辺五郎右衛門が金策に苦慮する記事が頻出する。

この日、後続部隊とともに江戸へ来た長渕菅右衛門と江口十郎太夫は引率の役割を終え、深堀に帰ることになった。ふたりは孫六郎から暇乞いの盃をたまわった。皆の不要な荷物や留守宅への便りなどをことづけた。

二一日。東北行きの一行は品川を発し、川崎宿で午飯、日暮れには横浜に到着した。高須屋平兵衛宅に宿陣。実は、一行は外国の船舶を雇って品川から海路仙台に航行する予定であった。しかし雇った外国船が来ず、やむなく横浜まで陸路行軍したのである。急なことで高須屋の対応も不行届きであった。

孫六郎は藩主直大の本陣へ御機嫌伺いに参上した。このころ直大は設置されたばかりの横浜裁判所副総督として横浜に赴任していたのである。

二二日。雇い入れたアメリカ船に小荷駄を積み込み、兵隊も波止場へ行軍した。藩主・直大も波止場まで出向き、浜辺で御目を渡され、特に孫六郎には言葉を掛けた。名残を惜しみ落涙したという。二艘のアメリカ船に分乗、出発しようとした。

ところが、ここで問題が起きた。

兵器を積み込んでいるとしてイギリス船長からクレームがついたのである。諸外国は戊辰内戦に際し、局外中立を申し合わせていた。アメリカ船長はひそかに一行を輸送しようと考えたが、佐賀兵が明らかに武器ともども堂々と行軍したので、目立ったようである。ひとまず出発を中止し上陸、もとの旅宿に戻った。

二三日。朝五ツ時、鍋島鷹之助が組内の兵士三〇〇を連れ、イギリス蒸気船で横浜に到着した。鷹之助も佐賀藩家老職、孫六郎と同じく先手組大組頭である。再会を喜び酒となった。こののち鷹之助は野州に出動する。

二五日。傭船の交渉はなかなかまとまらない。たまたま佐賀藩の軍艦孟春丸《もうしゅんまる》が横浜に入港した。佐賀藩の先鋒二小隊（一番隊・遊撃隊）および役付およそ一〇〇人余は菊旗一流を渡され、孟春丸で先発した。

二六日（閏四月）。先日鷹之助が乗ってきたイギリスの蒸気船とようやく傭船交渉がまとまった。蒸気船は長さ二六〜七間、幅五〜六間の大きさであった（『北陸道先鋒奥羽応援日誌』）。

今度は目立たないように武器はすべて菰包みにし、和船で沖合まで運んだうえで英船に積み替えた。兵隊も行軍することなく分散して乗船し、夕方になってやっと走り出した。小倉兵も一緒である。

二七日は終日船中。

航海中、兵隊は食事に困った。英船のこととてパンしか支給されなかったのである。小倉兵ともども大勢が乗船したため飲み水も乏しかった。中国人水夫からわずかの水や飯を買う者さえ出るありさまであった（『東征日記』）。

『慶応記』はつぎのようにいう。「時ニ航海中ノ糧食ハ西洋水夫ノ常食トスル蒸餅《パン》ナレバ兵隊多クハ喰ニ堪ヘズ。各自貯フ所ノ砂糖或ハ菓子等ニテ飢ヲ凌グニ過ギズ」。

航海中の糧食は西洋の水夫がふだん食べるパンだったので兵隊は食べることができなかった。各自が携帯していた砂糖や菓子などでようやく飢えを凌ぐほかなかった。

十作は『慶応記』のこの箇所にわざわざ註をほどこして「兵粮ハ軍中最第一ノ緊要物ナルニ予メ其ノ備ナキハ不覚悟ノ極ナリ」と評している。

前出副島以順も「英国艦で有るので素《もと》より飯は与へず僅かにパンで凌がねばならぬ不自由に、かてて加へて閏四月下旬は今の五月下旬六月上旬にも当たるのであるから追々の炎暑に咽が渇いて仕方がないのに一日に茶碗二杯の水しか呉れぬので大に難渋した事が今に忘れられません」と回想している。

閏四月二八日昼頃、仙台領潜ケ浦《かずきがうら》に到着した。

しかし予期せぬことに仙台藩の銃隊数百人がたちまち岸に出て邏列、守備の態勢をしいた。仙台兵は多く和製の火縄筒を持っていた。先に到着していた孟春丸の兵たちも上陸できずにいた。十作が『慶応記』に「我其ノ意を知ラズ」「地方ノ情勢我ガ意表ニ出ル如シ」と記すように仙台藩の仕打ちは十作らの理解に苦しむものであった。

三～四名を短艇で向かわせ、討庄の官軍応援に向う旨をつぶさに説明したが、城下に使者を出したから城からの指示を待てと言うばかりである。談判数次、兵隊はみな空腹で疲れていた。しきりに上陸を迫った。ついに仙台藩の役人も仮にならば浦浜に揚がることは承諾した。しかしこの浦浜は絶島で漁家が五～六軒あるばかり、ひとたび渡船を失えばたちどころに進退窮まるような場所である。こんな仕打ちは無礼であるとなじると仙台藩役人は逡巡循匿するばかりであった。

二九日。別の役人が来た。しかしこれもただ城下の指示がなく渡船もないと言うばかりである。しかも東北人のしゃべる言葉は半分くらいしか通じない。いたずらに数日が遷延して兵隊たちの怒りは烈火のようである。すぐさま短艇を浮べ浦に繋いであった漁船五～六隻を奪い取り各自櫓をこいで往来すること数十度、みな上陸してしまった。この勢いで仙台藩担当役人に船を用意させた。すでに日は暮れていたから松明の明かりをたよりに翌五月朔日、全軍ことごとく東名浜《とうな》に上陸宿営した。

東名浜には漁家三～四十があったが、漁民らは炊具等に至るまで皆持って逃げ隠れ、空家となっていたから宿営は大いに不便であった。英船ではながらく絶食状態で飢渇していた。しかし仙台藩吏は食べ物を用意しなかったから僅かに孟春丸に貯えてあった糧秣を野炊してようやく飢えを免れることができるありさまであった。

十作らの憤懣が目に見えるようであるが、一方『東征日記』二八日、二九日条はつぎのように記述

東名浜（東松島市）六番隊はここから上陸した

し、ややニュアンスが異なる。

閏四月二八日。

昼四ツ時分、仙台領潜ケ浦東名浦着。

二九日。

孟春丸は去る二五日暮れ横浜を出船、一昨二七日東名浦に着船した。すぐに上陸するつもりで端船を漕ぎ出したところ、浜辺におよそ二〇人余の兵隊が駆け付けた。大砲隊で今にも発砲する風情である。言葉はなかなか通じず、上陸や荷揚げは城下の指図が無くては出来ないというばかりである。この情報に接し、参謀前山精一郎と軍事局付役田村乾太左衛門が上陸して仙台藩士と談判した。彼は「三月に九条総督が着船したとき薩長兵は大砲を放って行軍した。今度の蒸気船も薩長の後続部隊と思い防戦態勢を敷いた」と言う。前山らが「言語静ニ演達対談」したので、ようやく仙台藩士も佐賀兵であることが分かった。惣軍上陸・旅宿を示談して、なんとか小船七艘を提供させた。しかし村の漁民たちが逃げ出し舸子を集めるのに

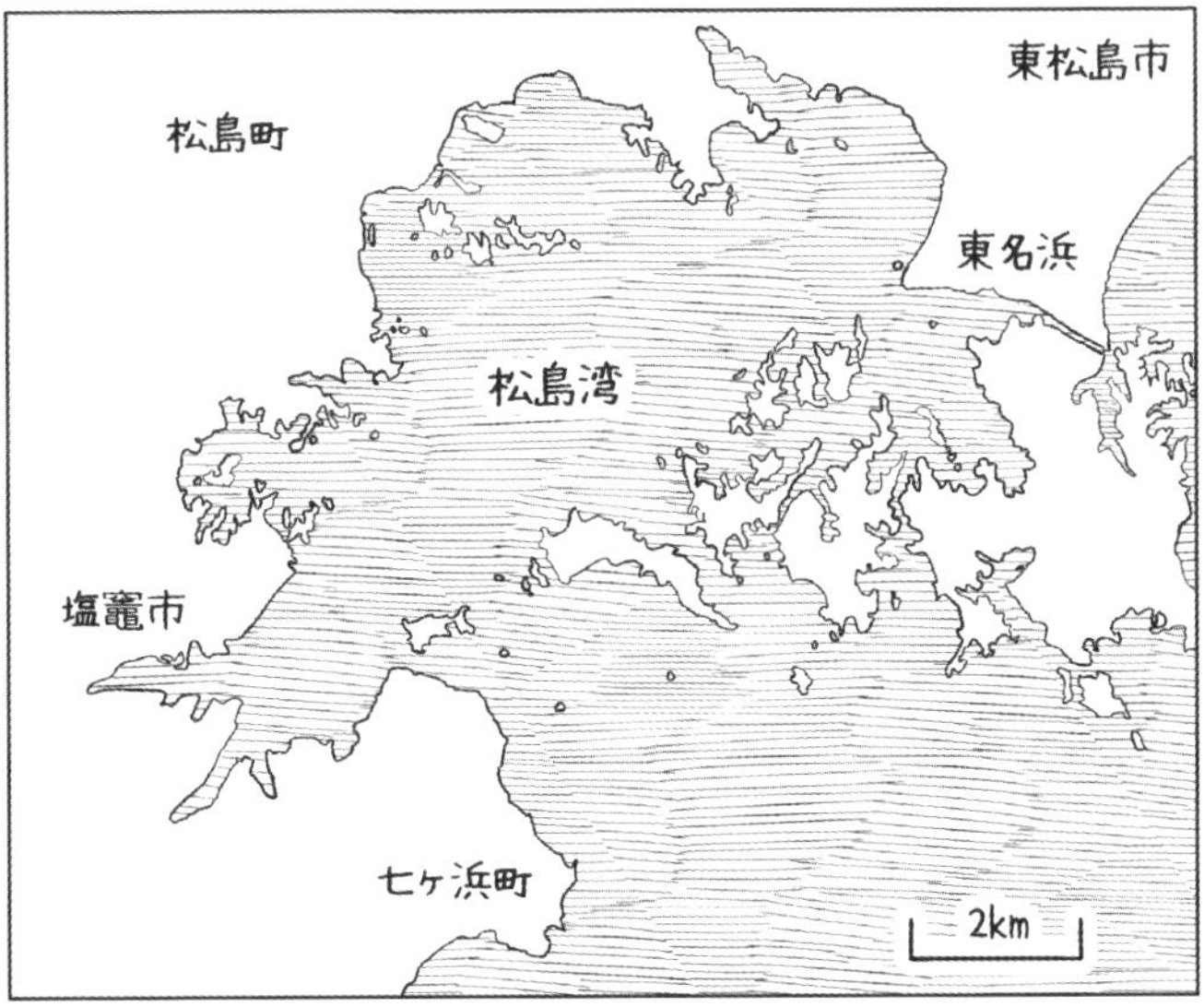


東名浜

隙取った。孫六郎はようやく深夜四ツ過ぎ上陸して東名浦村某宅に宿陣した。小船は佐賀二艘、小倉一艘の割合で順々に上陸したので全軍上陸は真夜中八ツ（午前二時）過ぎにもなった。弾薬など荷物は英船からいったん孟春丸に積み替えた。

日付はもはや翌五月一日になっていた。

実は英船の傭船料は二九日夕方までで七千両の契約であった。上陸が延びたので追加六〇〇両を要求され四〇〇両に値切ったそうである、とも述べる。

ところで、このとき仙台藩役人との交渉に関して藤原相之助『仙台戊辰史』は、熊本藩士の存在があったと記述する。熊本藩主・細川韶邦《よしくに》の実弟である弘前藩主・津軽承昭《つぐあきら》への使者として熊本藩士竹添進一郎・古荘嘉門・植野虎平太の三人が孫六郎らの蒸気船に搭乗していたという。韶邦の弟・護久《もりひさ》の夫人が鍋島閑叟の娘という縁で東北への便船として孫六郎を頼ったのである。東名浜で抵抗する仙台藩役人に対し、竹添らが「到着したのは薩長兵でなく佐賀兵である」ことを説き、上陸を許可せしめたという。

この話は弥次右衛門も十作も触れないが、余話として紹介しておく。

五月朔日。

兵隊の賄いとして米を買いたいと相談したが、現米は渡せないから炊き出しをすると回答してきた。握飯に味噌を添えてくれたので味噌を集めて味噌汁にした。しかし飯はごつたり飯を突き固めた団子のようで、とても食べられない。宿も畳は無く板敷き。夜具も無く囲炉裏に火を炊くくらい。持参したケットウ（毛布）にくるまり野宿のようである。酒屋豆腐屋もあるらしいが売ってくれないので大いに困った。

仙台藩士瀬脇市蔵・永沼磯之允・道家帰一と名乗る三人が孫六郎の陣所に挨拶に来た。総督の状況を尋ねたところ、九条総督・沢副総督とも城下にいるという。

仙台役人も到着したのが佐賀兵に相違ないとわかり、昼後、当所出張の仙台藩隊長・中村宗三郎（家老）が近村から酒を手配してくれた。さらに藩公から兵たちに五升入り酒樽二五荷・黒鮪《まぐろ》三尾が贈られた。

佐賀藩軍事局から宿陣中の番兵割付が達しられた。

五月朔日　遊撃隊
同二日　応変隊
同三日　大砲隊　遊兵隊
同四日　六番隊
同五日　五番隊

同六日　　壱番隊
同七日　　弐番隊
同八日　　三番隊
同九日　　四番隊

この日、前山参謀が塩竈（現宮城県塩竈市）に出向いた。仙台城下に行軍するにつき、松島への渡海船や仙台までの人足宿駅などの手配を、塩竈に出張している仙台藩家老と交渉するためらしい。

『復古記』所収「前山精一郎事蹟」によれば、前山参謀は九条総督らの様子を探るため仙台城下に行こうとして、五月朔日、東名浜から従者三～四人とともに漁船に乗った。ところが塩竈で日没となり霖雨も激しく一泊せざるをえなかった。宿では仙台藩兵に見張られていた。そこへ総督の密使塩小路光孚が訪れ、現下の状況を説明してくれた。総督は幽囚同然であるという。

同じく『復古記』所収「塩小路光孚筆記」によれば、九条総督は二八日、昨二七日勝木浦（潜ケ浦《かずきがうら》）に官軍の蒸気船が着船したうわさを聞き、家来を派遣したいと申し述べた。仙台藩家老但木土佐は反対したが、総督の強い意向に塩竈までならと折れ、家来の諸太夫塩小路を向かわせた。仙台藩吏三名が護衛として付き添った。護衛とはいうものの実は監視役である。塩小路は監視の藩吏を説得して塩竈から夜一一時頃東名浜に入った。しかし前山は入れ違いに既に塩竈である。直ちに引き返し前山の宿所を尋ねた。夜も明け監視役が朝の仕度をしている隙に極密に総督の状況を告げた。五月一日、前山に面会、打ち合わせの後、午前一〇時塩竈を出発、午後二時過ぎ仙台の総督府に帰着した。九条総督も一安心であった。

なお右の前山と塩小路の記録には日付にズレがあるが、確定しがたい。

『東征日記』には五月三日の記事はない。

四日（五月）。昨日昼間から宿所に肴屋が売りに来た。今日は豆腐屋も小間物屋も店を開け、だいぶん用が足りるようになった。しかし宿所は板敷きで畳がなく、ケットウ（毛布）一枚で寒くてたまらない。今夜も仙台の回答を待つ。

五日。菖蒲の節句なのに酒もない。

当所に着船して以来数日に及ぶ。仙台藩の役人は、「藩公の許可がないから人馬は出せぬ」の一点張りである。交渉のため仙台に行った前山参謀からも昨夜まで何の連絡もない。もはや猶予はならず、進軍を阻止する明確な理由を示すよう仙台役人に迫り、昨夜五ツ時、城下に向かわせたそうである。兵隊にもこの事情を説明するよう軍事局から書取が達せられた。

六日夕刻、前山参謀が九条総督に拝謁して帰着した。

前山の報告によれば、総督は仙台兵が警衛、随従の筑前兵は本陣から離れた場所に宿陣している。沢副総督は薩長兵とともに秋田に在陣。しかし仙台の九条総督や醍醐参謀は幽閉状態にある。前山が九条総督に参上した際も仙台藩家老が同席した。前山は一刻も早く全軍進発したいと交渉し、松島までの陣替えは家老も諒承したという。

ここにようやく城下の状況が判明した。

そこで、まずは松島まで渡海し、その先は人馬の提供がなくても佐賀勢で武器を運び、押して仙台に進軍する。惣軍、着込みのままで小荷駄は孟春丸に載せ秋田に廻航すると軍議がまとまった。

孫六郎も身の回りだけの装備で、御供はフランケット一枚を背嚢に入れ、残荷は孟春丸に載せるよう小荷駄方から達せられた。

七日。孫六郎は右の状況を藩庁に報告するため、藩主付き年寄原田小四郎宛の書状を孟春丸に託した。明日からの松島渡海船を地役人に命じた。

『慶応記』は、この間の状況を以下のように述べる。

前山参謀は三日城下に至った。当時、奥羽諸藩は各藩ことごとく重臣を出して合従し、仙台が盟主であった。九条総督らは仙台藩家老の邸に軟禁状態にあり、近臣衛士は遠ざけられ外部との接触を断たれていた。前山参謀は総督に拝謁したが、藩の重臣数人がかたわらに列座して議論できないよう監視した。参謀は到着した軍隊を城下に進めることを建言した。しかし仙台藩の重臣はしきりに官軍（新政府軍）が薩長の私怨によるものだと主張し、また農事に忙殺され人馬の宿営地がないとしてこれを拒否した。参謀は、遷延の間に兵隊が不平を発し大事を誤る恐れがあると判断していったん帰営した。一方仙台藩は参謀の帰営に乗じ藩命を曲げ総督府に迫って、再命を待つべしとの指令を下そうとした。総督府の密使がこれを伝えてきた。前山は、「われわれ官軍の進退については、東征大総督府の厳命のみを受け奥羽総督府の命令に預からない」ことを論じて仙台藩の主張を排除した。兵隊らは進軍の遅延を憤り直ちに浜役人に迫り船を命じ、七日、遊兵隊ならびに遊撃隊一小隊が松島に進んだ。八日には全軍ことごとく渡り終えた。

五月三日に前山が九条総督に拝謁したときの様子は、以下の「前山精一郎事蹟」（『復古記』）に詳しい。

前山は従者を塩竈に残し、塩小路や仙台藩吏とともに城下の総督府に至り、九条総督に拝謁した。仙台藩家老・但木土佐以下も列座するなか前山は総督に建言した。

自分は江戸で大総督府の命を受け庄内追討の援兵を引率して東名浜に着船した。明日にでも惣兵を奥羽総督府に参陣させたい。仙台藩に命じ宿営と兵食を整えてほしい。仙台も勤皇藩である。われわれとともに同心協力して九条総督を輔翼したいはず。庄内追討が理不尽ならば大総督府が援兵を出すはずもない。仙台には倉卒に出兵できない事情もあるだろうが、これは大総督府の命令である。宿営なく兵食なしといえども顧みず進むのが兵の常。すでに着陣したからには九条総督の指揮にしたがうものである。

九条総督は大いにこれを了として但木らに営所兵食の用意を命じた。

よって前山は総督の御前を退座し、但木らに奥羽諸藩の状況を糺した。但木曰く、「奥羽は古来避遠の地、人情も頑固である。朝廷が奥州鎮撫総督を派遣したのは、そういう情実を洞察したからであろうと思い、喜んでお迎えした。ところが総督は速やかに会津・庄内を追討せよと命じ、列藩の兵を催促した。人民大いに失望、疑惑の心が生じた。これは朝廷や総督の本意でなく薩長参謀の私怨によるものであろう。よって総督を仙台に留め、事態の定まるのを待っておるのである」と。

前山は、初めて奥羽の情勢がわかったと謝して説いた。しからば貴藩が先導し、われわれ援兵が随従し、列藩を巡行して朝廷の恩威を宣布しようではないか。もし庄内の罪を問うときには、総督が衣冠を正し堂々とこれに臨めば、きっと心服するにちがいない。これこそ九条総督が職務を果たし貴藩が勤皇の大志を達する道ではないか。

但木は他の重臣と熟議のうえ決定したいとして別れた。前山はひそかに塩小路を訪ね、盛岡の藩情を探るよう依頼して仙台を後にした。

## 奥羽列藩同盟

ここで、これまでの奥羽諸藩の動きを時系列でみておく。

一月一七日、新政府が仙台藩に会津征討を命ず。

三月二三日、奥羽鎮撫総督九条道孝、仙台に入り藩校養賢堂を本陣とする。

同月二五日、仙台・米沢両藩代表が会津若松に会し会津救解につき相談。

四月六日、新政府、秋田藩に庄内追討を命ず。

同月一〇日、会津藩、庄内藩と軍事同盟を結ぶ。

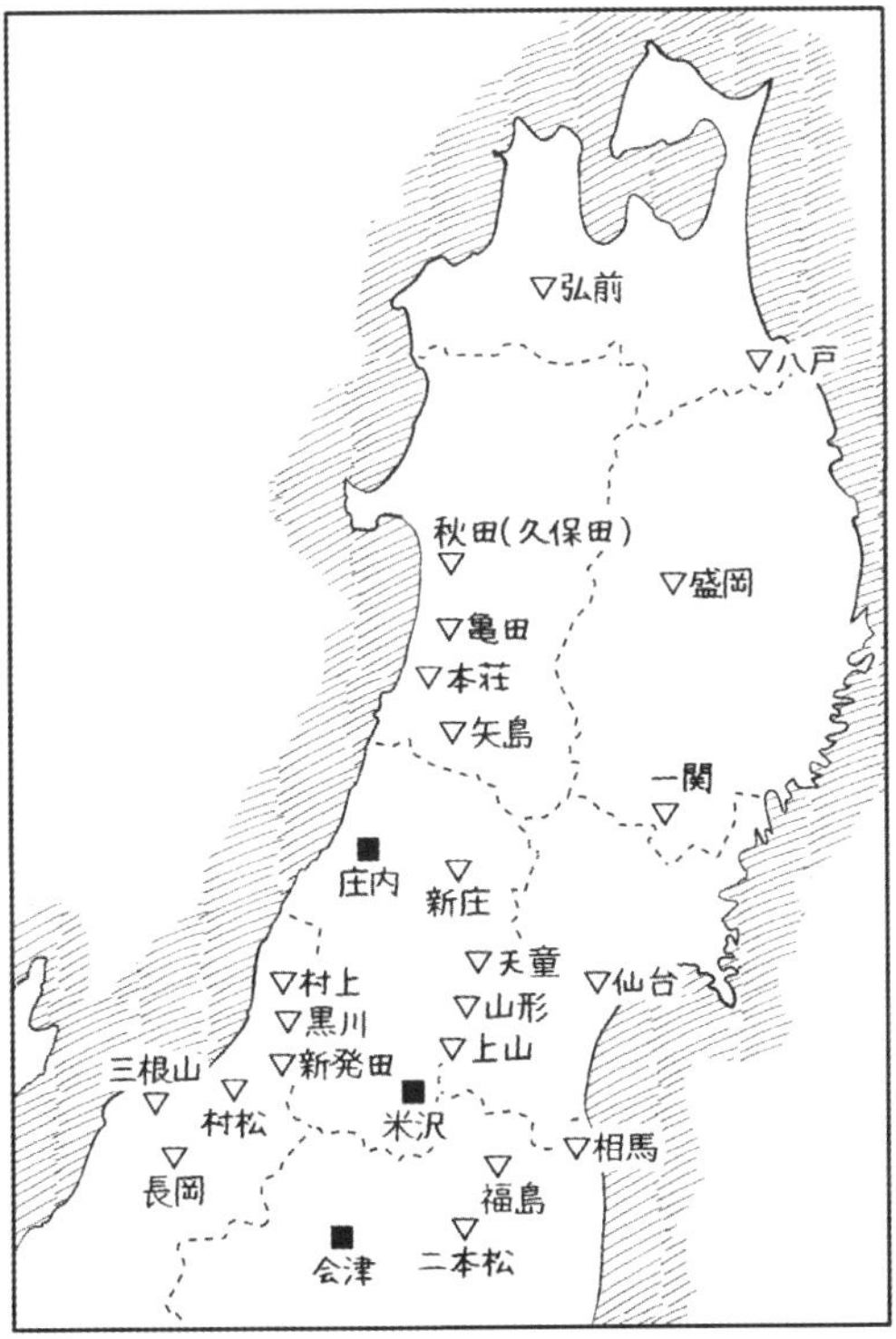


奥羽諸藩

同月一四日、沢為量副総督・参謀大山格之助（薩摩藩士）、庄内追討のため新庄に向かう。

同日、米沢藩、会津謝罪の周旋と薩長の対応いかんでは対決すると決定。

閏四月一日、仙台・米沢・会津各藩が会津降伏条件を協議。

同月四日、白石会議の招集状、奥羽諸藩に廻達される。

同月一一日、奥羽一四藩白石で会議、会津救解嘆願書に署名、のち一三藩追加。
同月一二日、仙台・米沢両藩主、九条総督に会津藩寛典処分の嘆願書を提出。
同月一八日、総督、嘆願書を却下、仙台・米沢両藩主に会津進撃を厳達。
同月一九日、仙台・米沢両藩主、九条総督に会津征討攻口の解兵を届ける。
同月二〇日、奥羽鎮撫総督軍参謀世良修蔵（長州藩士）、仙台藩士に暗殺される。
同月二二日、奥羽二五藩の重臣、白石に会盟し仙台藩主導の盟約書に調印。
五月三日、奥羽二五藩、仙台で会議、白石盟約を修正調印し奥羽列藩同盟が成立。

鳥羽伏見の戦いで勝利した新政府は「朝敵」征討に乗り出した。一月一七日、仙台藩に会津藩追討を命じ、秋田・盛岡・米沢の各藩にも仙台藩応援を命じた。また四月六日には秋田藩に庄内追討を命じた。

しかし奥羽諸藩にとって、会津・庄内に対する新政府の処分は納得のいくものではなかった。朝廷の名を借りた薩長の私怨であるとみた。戦闘を回避すべく仙台・米沢を中心に和平工作が続けられ、会津藩への寛大な措置を嘆願したものの聞き入れられなかった。閏四月一九日、仙台藩と米沢藩は会津攻撃の解兵を届け、やがて奥羽の二五藩は同盟を結んで薩長新政府軍に対抗する動きになっていた。

まさにそのころ孫六郎が率いる佐賀藩兵らが仙台に来たのである。

## 仙台城下へ進軍

さて弥次右衛門たちの動き（『東征日記』）。

五月八日。五ツ時分に渡海船が揃ったので、行軍の段取りどおり孫六郎は四ツ時分大型の漁船に乗り込んだ。すると迎船として八丁立くらいの早船一艘が追い付いた。これに乗り換え昼九ツ時分に松島着。南部屋加藤次宅に宿陣した。

小倉兵も含め全軍数十艘の漁船で渡海、松島に宿陣した。ここは南部往還で海岸一帯に旅籠屋がある。田舎で粗末ではあるが、東名と違い畳や蒲団があるのは格別いい。

九日。連日の雨天により仙台まで至極の悪路、前山参謀も風邪気味、今日一日は松島に滞陣し明日朝の進軍に決まった。

松島湾（宮城県松島町）

実は仙台藩がまたもや抵抗したのである。兵営が整わない。藩兵が沿道に屯集し不測の失態が懸念される。人馬の徴発も急にはできない。さまざま理由をならべたが、前山は江戸で受けた大総督府の命令を楯にこれらを一蹴した。兵器運搬は貴藩をわずらわせず各兵が行う。九条総督を迎えた貴藩も同じ官軍、不測の失態はないだろう。

こうして一日だけ松島にとどまったのである。

弥次右衛門はこの日昼食後、つかのま天下の名勝松島を遊覧し、石碑に刻まれた詩文などを写し取っている。

十作も漁民らとのおもしろい会話を記している（『慶応記』）。

松島は日本第一の風景である。当地は海産物に富み漁猟は頗る多い。かつて見ざる巨鯛を金一朱で二〜三尾が買える。また

仙台藩藩校養賢堂正門（移設され泰心院山門として現存）

宮城県議会棟横にある養賢堂跡碑（いずれも仙台市）

巨大なる鮪《まぐろ》も価金二朱。買う者のない時は海浜に投棄するという。予（十作）は土地の人に、空しく海中に投ずるより塩漬にして販路はないのかと聞いたら、塩代まで併せて損だと答えた。漁獲は夥しくても買う者は少なく値段が安いのである。

一〇日（五月）。朝五ツ過ぎ松島出発、途中瓦焼場というところには関所があり仙台兵が警護していた。利府《りふ》駅で昼食、仙台藩が丸い握り飯三ツと漬物・味噌・お茶を用意してくれた。また乗馬三疋も提供したので、孫六郎は馬上で八ツ半ころ仙台城下に到着、藩校養賢堂《ようけんどう》が宿営である。

城下入口から養賢堂までの間は数千の仙台兵が行軍の左右に充満し、町人老若の見物人も多かった。

養賢堂では火鉢・茶・行灯が出たが、寒いうえに蚊や蚤が多く、蒲団も不足した。風呂もなく井戸水で足を洗う程度である。悪路の行軍であったから難儀した。また食事も一度に五十人ずつ、拍子木の合図により食堂で交代に摂った。

一一日。孫六郎は晩七ツ前、着陣挨拶のため総督府に参営し九条総督から盃をたまわった。小倉藩総隊長平井小左衛門も同様である。佐賀隊副隊長本嶋藤太夫・軍事局付役田村乾太左衛門・馬渡雄左衛門・目附竹野喜伝太を同伴し、深堀の近習など一六人も供をした。深堀の近習は、樋口作右衛門・渡辺五郎右衛門・峰弥次右衛門・深堀琢磨・堤壮右衛門・江口尉九・荒木文八郎・山口弥平次・志波原八太夫・山田又蔵の一〇人である。総督は仙台藩家老片倉小十郎屋敷に滞在し、奥羽鎮撫総督本陣と大看板がかかっていた。醍醐参謀も来た。仙台藩家老らも多人数出座し、東名浜での扱いに話が及ぶと恥じ入った様子であったそうである。夜九ツ過ぎころ帰陣した。

一二日。営門番兵に士分一人・足軽二人ずつ交代で勤務するよう軍事局から達し。滞陣中の心得も通達された。

仙台城門櫓（仙台市）

孟春丸が横浜に戻るので、孫六郎は藩主付き年寄原田小四郎宛の書状を託した。

この日、朝廷から全軍に酒を賜わった。

『慶応記』五月一二日条に「時ニ参謀病アリ、督府、使ヲ遣シ之《これ》ヲ問フ、参謀密議」という記事がある。また『復古記』所収「塩小路光孚筆記」には「参謀前山精一郎儀ハ今日ヨリ子細有之《これあり》、病気ト称シ陣内引籠候間、折々参陣、何カ示談申呉《もうしくれ》候旨極密ニ光孚迄噺シ也」とある。

これによれば前山の病気は、仙台藩の態度を疑った彼の策略であるらしい。

一三日。孫六郎は仙台藩主伊達慶邦《よしくに》侯からの招待により小倉藩の平井小左衛門とともに仙台城を訪ねた。おととい総督府を訪ねたときは供の者はみな鉄砲を携行したが、今日は先方の要請により、御徒《おかち》ふたりのみ携行し近習は持たなかった。城門を入るとおよそ四〇人ばかりの足軽隊がトントル銃を並べて警護していた。総督本陣から城中まで相当数の役人が路傍に立っていた。示威のためのようである。対面所で藩公と面談、料理が出た。暮れ前に引き取り、帰路総督府に立ち寄って宿営に帰陣した。同日、兵隊中にも酒肴が贈られた。

『慶応記』は仙台兵の鉄砲を「我藩従前流行セシ（当時廃物）蘭筒」、「其体裁ノ悪弱ナル笑フニ堪ヘタリ」と酷評している。佐賀藩ではすでに廃物となった旧式銃であった。

## 総督仙台を脱出

五月一四日。九条総督と醍醐参謀は養賢堂に臨御、閲兵慰労した。仙台兵二小隊が両卿の前後を固めていた。佐賀兵は小倉兵とともに整列、行軍の礼式を行った。両卿は孫六郎を馬前に召し「大儀である」との御沙汰があった。

仙台藩家老も列座した。入舎した両卿を前に前山参謀は仙台藩家老但木土佐らに出議した。前山は、総督府による鎮圧効果がいまだに上がっていないことを論じ、速かに東北諸藩を巡行し鎮撫の実をあげるべきであると奏請した。これに抵抗する仙台藩重臣に対し、前山は「しからば九条総督は、職務を失することを朝廷に謝罪し奥羽諸藩の事情を具申するため、ひとまず帰京して、太政官の指図を仰ぐべきである。また召し連れた薩長兵を残留させられないから、盛岡を経て秋田に赴き、沢副総督率いる薩長兵とともに帰京すべきである」と説いた。なお、沢副総督はこの頃庄内征討のため新庄（現山形県新庄市）に在陣していた。

総督はこれを応諾し、総督の決断に但木も異議を唱えることはできなかった。

軟禁状態にある九条総督を仙台藩から新政府軍の手に奪取することが急務であった。そのために前山が考え出した「詭説」（『復古記』）である。

弥次右衛門も「此れ一段の妙策。御当手の功。密かに承り候事」と記している。前山が薩長藩士でなく佐賀藩士であることも幸いした。但木が、「肥前太守閑叟侯のごときは英雄豪傑、その君を見てその臣を知る。なんぞ肥前の隊長にして人を欺かん」と述べたと伝わる。

但木はしかしなおも出発延期を主張したが、ついに一八日進発に決した。それでも仙台藩の抵抗は総督の出発間際まで続いた。

当時、仙台の藩論は奥羽列藩同盟派と新政府派とが対立、錯雑していた。『慶応記』には「当時ノ錯雑云フベカラズ。仙台兵今夜我ガ兵営・養賢堂ヲ焼カントス。然レドモ猶ホ災ヒノ城下ニ発センヲ憂ヘ中止ス」と見える。

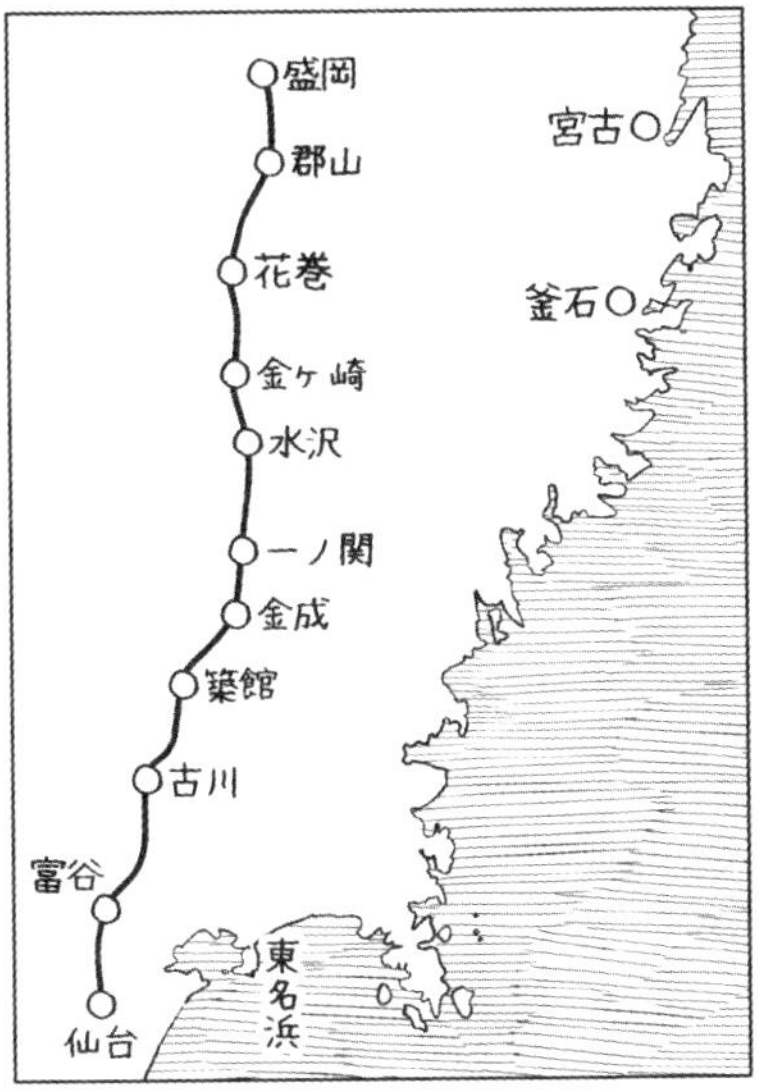

総督仙台を脱し盛岡に向かう

一六日。弥次右衛門は佐賀藩軍事局に軍費五〇〇両の立替えを願い出た。

一八日辰刻、養賢堂を進発。孫六郎の乗馬購入を頼んでいたが間に合わず歩行となったが、城下を出るころには鞍を置いた馬を牽いてきた。

九条総督と醍醐参謀は昼四ツ時過ぎ進発。仙台兵二小隊が護送にあたった。両卿の前後を佐賀兵が固め殿軍は小倉兵である。城下を出ると悪路で難儀した。七北田《ななきた》村で握飯と味噌の昼食を摂り富谷《とみや》新町に宿陣した。

一九日（五月）。例のとおり進発、三本木で昼食。途中悪路に悩まされたが、古川宿佐々米屋平蔵宅に宿陣。兵隊は手狭のため下宿二軒に分宿。

二〇日。大雨。惣軍疲労でもあり、本日一日滞留。

二一日。古川宿出立、昼八ツ半ごろ築館《つきだて》に到着、宿陣。兵隊は分宿。

二二日。例刻進発。沢辺にて小休、昼九ツ半過ぎ金成《かんなり》到着、近藤屋に宿陣。途中宮野あたりから雨、合羽着用、滑る道路に難儀した。

二三日。例刻金成進発。有壁《ありかべ》駅に昼頃到着、煮売屋の二階で皆々赤飯を買って昼食。七ツ半過ぎ一ノ関城下到着、□（虫損）原屋一平宅に宿陣。藩公田村右京大夫殿から酒が届けられた。お構いなくと断ったが、折角の親切につき受納した。

二四日。一ノ関出立、ひどい降りではなかったが、昨日同様ぬかるみ道。前沢の煮売屋で昼休み、晩八ツ半ごろ水沢到着。仙台の一門伊達将監一万六千石の知行所である。一ノ関も水沢も城門の構口木戸を兵隊が厳しく固めていた。孫六郎らは総督の本陣とは離れた網屋留蔵宅に宿陣。兵隊は下宿四軒に分宿。この夜、醍醐参謀から孫六郎に酒が贈られた。

二五日、二六日。和賀《わが》川が川留のため水沢に滞留。

二七日。五ツ過ぎ水沢進発。挨拶料として網屋に七〇〇疋、下宿にも七〇〇疋を渡した。金ケ崎にて昼休み。さらに藩境・相去《あいさり》駅にて小休。和賀川を渡り暮れ六ツ半ごろ花巻宿到着。総督の乗船には幕を張り整え、そのほかは大小およそ一〇艘であった。

『復古記』所収「醍醐忠敬手記」には「水沢駅ヲ発シ相去駅ニ憩ス、駅ノ北関門アリ、即チ南部・

仙台ノ封境ト為ス、南部氏老臣兵ヲ率ヒ来迎ス、又是《ここ》ニ於テ仙台藩老臣以下兵士等皆去ル、始テ虎口ヲ出ルノ思ヲナス」とある。

また『慶応記』はつぎのように述べる。

仙台国境金ケ崎駅にて午飯。仙台の藩兵はここで護送の任を解かれ、渡された菊旗を返還して帰された。総督府一行は直ちに南部藩領に入り花巻駅に宿陣した。金ケ崎駅・花巻駅の間が国境で両藩の関所がある。南部領に入ると和歌川という船渡しの急流大河があった。仙台兵等は「官軍は仙台滞陣中の無礼を怒り国境を出れば必ず戦端を開くにちがいない」と噂し、あらかじめ大勢の兵を左右の山間に伏せていた。しかし官軍は泰然として仙台境を立ち去った。

仙台藩と盛岡藩の藩境である相去で仙台藩兵を帰し、盛岡藩兵の護衛に代わった。醍醐の「始テ虎口ヲ出ルノ思」に、ようやく仙台における幽囚生活から脱出できた安堵感がにじみ出ている。十作の記述からも仙台への警戒感が窺われる。

孫六郎が宿陣した山口屋儀兵衛宅は二階十数畳の所を仕切っただけで、次の間に用人の渡辺五郎右衛門らが休み、御供の人々は上がり口の間に休んだ。湯殿は賄場庭の角で、用所は裏口を出て離れた場所にあった。出京以来初めて主従上下の差別なく、とまどうことばかりである。佐賀藩の兵隊は寺に分宿。今日は雨天悪路のうえ花巻到着が夜になり、みな難儀した。

二八日。花巻進発。石鳥谷《いしどりや》の百姓家儀平宅で昼食。八ツ半時分に郡山到着。□（虫損）久屋七郎兵衛宅に宿陣。相当の豪家で庭石や植木も見事であった。吸物・肴三種に酒、五ツ組御膳が供された。南部産の雲丹も出た。越前で出たのよりは上物だが長崎の五島産よりは劣った。

軍事局から、北上川が出水につき川明きまで当駅郡山に滞陣する旨通達された。

盛岡城跡（盛岡市）

二九日。盛岡家中留守居役の遠山礼蔵が挨拶に来た。

五月晦日。盛岡藩から兵隊に酒や餅が差し入れられた。

六月三日。辰の半刻、郡山を進発。大雨の中を押して昼八ツ時分盛岡城下に到着。孫六郎は光台寺という浄土宗寺院に宿陣。六番隊兵隊は一向宗の寺に他の佐賀兵隊と合宿である。

この年、東北は雨が多かった。『慶応記』はつぎのように言う。


郡山には六月二日まで滞陣した。この頃は連旬の暴雨で河川が氾濫し、しばしば往還の道路が途絶した。三十年来未だかつて聞いたこともない洪水だという。そもそも陸奥・出羽は帝都から遠く離れ王化の届かぬせいか古く天喜《てんぎ》の頃からしばしば朝廷に叛乱した地域である。源氏の累代が兵馬の労にあたり天下の実権が武家に移った遠因もここにある。源頼義・義家から頼朝に至るまで高館や衣川の関など旧跡も多い。今回征討の勅命を奉じてここまで来、茫々たる山野は限りなく言語風俗も異なる様子を見、歴史を回顧してうたた感懐に堪えない。

六月三日。郡山を進軍。北上川を渡り盛岡の城下に入った。宿営地は本誓寺・光台寺等の諸寺である。北上川は城下の入り口にあり舟橋が懸かっていた。この時期は霖雨の季節である。暴漲した濁流の流声が轟き、激波が起きて舟橋は震動している。行軍には非常に危険である。川の広大さと水勢の猛烈さはこれまで見たこともない。中軍がようやく渡り終ったとたん舟橋が切断し下流に流されてし

本誓寺（盛岡市）

光台寺（盛岡市）

まった。輜重と殿隊《しんがり》および小倉藩の兵隊は渡ることができない。彼らはやむをえず向う岸の新福町に滞陣した。

五日。九条総督から兵士たちに酒を賜わった。酒三合、するめ一枚ずつである。

六日。輜重と小倉藩兵隊も渡河着陣し全軍がそろった。

盛岡藩留守居遠山礼蔵が参上、佐賀藩蒸気船孟春丸が盛岡領宮古に着岸したと連絡してきた。

七日。立替願いを出していた軍資金五〇〇両のうち三〇〇両が小荷駄方から渡された。六番隊の中小姓までには五両ずつ、御徒《おかち》以下又者《またもの》までは三両ずつ配給した。本来身分に応じて支給するのだが、衣食住の費用ではなく遠国への長征、難儀のほどは上下に関わらぬので一律としたのである。

九日。佐賀藩藩主公からとて酒肴を賜わった。酒ひとり二合、肴はアベカワ・スルメ・アワビ・山芋・牛蒡である。

一一日。今度は醍醐参謀から酒を賜わった。

## 壮士二八人

先日宮古（宮城県）に着岸した孟春丸から武器弾薬や軍用金一万両を盛岡まで陸送するについて、六番隊が警衛するよう軍事局から要請された。また盛岡藩からは釜石へ廻航すること、さらに途中宿駅の都合により少人数で行ってほしいと要望があった。一二日から三日に分けて出張することとした。兵隊八人ずつ二四人、荷物取寄宰領として仲間《ちゅうげん》田中良助も同行した。

『慶応記』には「深堀家人数ノ内、壮士ヲ撰ビ二十八人組合」とあり、以下のメンバーを挙げてあり、『東征日記』とは人数が異なる。

| | | | | |
|---|---|---|---|---|
| 樋口作右衛門 | 田代文右衛門 | 堤壮右衛門 | 深堀助太夫 | 西久保平九郎 |
| 樋口貞一 | 江口津右衛門 | 荒木文八郎 | 山本嘉源太 | 堤甚吾 |
| 大塚慶太 | 向井喜助 | 向井甚七 | 川原泰三 | 深町運八 |
| 緒方収蔵 | 高浜伝之助 | 古賀松一郎 | 堤兵力 | 江副豹七郎 |
| 大久保麒一 | 田中三郎助 | 川副寿一郎 | 多々良鉄之助 | 末次秀太郎 |
| 牧口常一 | 峯嘉二郎 | 江口十作 | | |

さて、釜石港から盛岡までの武器運送護衛の命を受けた十作ら二八名は、一隊を三分して六月一二日・一三日・一四日の三日間に出発した。盛岡より釜石港までの休泊次第は以下のとおりである。

盛岡 二里三十四丁六間　乙辺《おとべ》 四里二十九丁二十八間　大迫《おおはざま》 二里二十丁五十間
達曽部《たっそべ》 四里廿九丁三間　遠野 九里六丁　甲子町 二里六丁　釜石

十作たちは六月一四日早暁盛岡を発足した。盛岡人吉嶋儀助を案内につけた。乙辺で午飯、大迫泊。一五日、達曽部で午飯、遠野泊。遠野は南部弥六郎一万三千石の城下で盛岡の分家である。そこへ軍使坂本彦蔵ほか一名が急命を帯びて遠野に到着した。使者の話によれば、参謀が津軽に赴きついで久保田に至り盛岡に帰営し秋田藩の状況が判明したという。沢副総督および薩・筑・長の兵は佐賀兵到着の報を得て奮躍争起した。しかし久保田は孤立し一髪千鈞の形勢である。沢副総督は薩・筑・長の兵とともに久保田に退転したものの、秋田藩は奥羽各藩に迫られ、沢副総督および従兵は久保田に留まることができなかった。このため能代港に難を避け、はなはだ屈迫のありさまであるという。そこでまず小倉兵を久保田に遣わし秋田藩の意向を固めたうえで、佐賀全軍は盛岡を進発する予定である。したがって武器は盛岡に運搬しなくてよい。たとえすでに運搬途中でもすべて釜石へ引戻し、孟春艦から海路秋田へ廻軍すべしとの伝令であった。さらに一七日には佐賀藩遊撃隊と五番隊が八ノ戸鮫ケ浦に向って出発するから、六番隊は鮫ケ浦でこれと会同し海路秋田へ廻軍すべしともいう。

右の記事について敷衍する。

深堀六番隊選抜隊が釜石に向けて出発した翌日、六月一五日、津軽方面の偵察にあたった前山参謀が帰営し、進軍の部署段取りが変更されたのである。沢副総督が外国船を雇い入れ、総督は八戸から海路進軍する手筈になった。孟春丸の武器もそのまま運送し、護衛の六番隊分隊も孟春丸で移動することとなったのである。軍事局手許坂本彦蔵が早打ちで連絡に向かった。

さらに使者が伝えたように、このころ沢副総督は能代《のしろ》（現秋田県能代市）に滞留していた。

これより先四月一四日、庄内藩追討に出動するため仙台を出た沢副総督一行は山形・天童を経て四月二三日新庄城下に入った。その後、庄内軍の攻撃で天童が陥落し、一行は羽州街道を北に逃れて秋田久保田城下に到着した。しかし五月、奥羽列藩同盟が成立し、秋田藩は沢副総督一行の久保田逗留をやんわりと拒否した。やむなく五月二七日能代に向かった。こういう事情は十作らが盛岡にいるときにはまだ分かっていなかったのである。

## 秋田へ

十作らが遠野にいたころ、六月一六日、再び総督の進軍路が変更になった。

九条総督が所労のため起臥も不穏な状況で、とても八戸からの乗船は困難である。本道は九〇里もあり、しかも津軽の向背も分からない。道路険難ではあるが近道になる間道二六里の陸路を行くことになった。しかも狭隘な道中の不便を考慮、総督の荷物や武器類および兵隊の一部は八戸から海上輸送とする。外国船の傭船料三千両も無駄にならない。大炮武器類は佐賀藩の遊撃隊斥候などが守衛して八戸に運送するため出発した。

今日（六月一六日）は珍しく晴。横浜を出船以来ずっと雨天続きであった。盛岡も五〇日近く雨天が続いたという。しかも仙台より寒い。袷綿《あわせ》入れがなくては堪えがたくケットウ（毛布）が手放せなかった。ようやく晴天となり夏の気配がした。

久々の好天に弥次右衛門の喜びが窺える。

しかし九条総督の不例は重く、進軍できないので惣軍途方に暮れた。

この日、孫六郎が総督本陣から奥州到着以来の記録二冊を借りて来た。弥次右衛門はこれを写し取るよう手配した。仙台では分からなかった奥羽列藩同盟のこれまでの情勢がやっとわかったのである。

一七日。小倉勢が津軽の方に出立。佐賀勢のうち遊撃隊・五番隊・大砲隊が八戸に向け出立した。先に荷物護衛のため出張した六番隊とともに乗船する予定である。

二二日。昼前から醍醐参謀が出立。佐賀勢二番隊三二人、四番隊二八人、応変隊一一人、遊兵一五

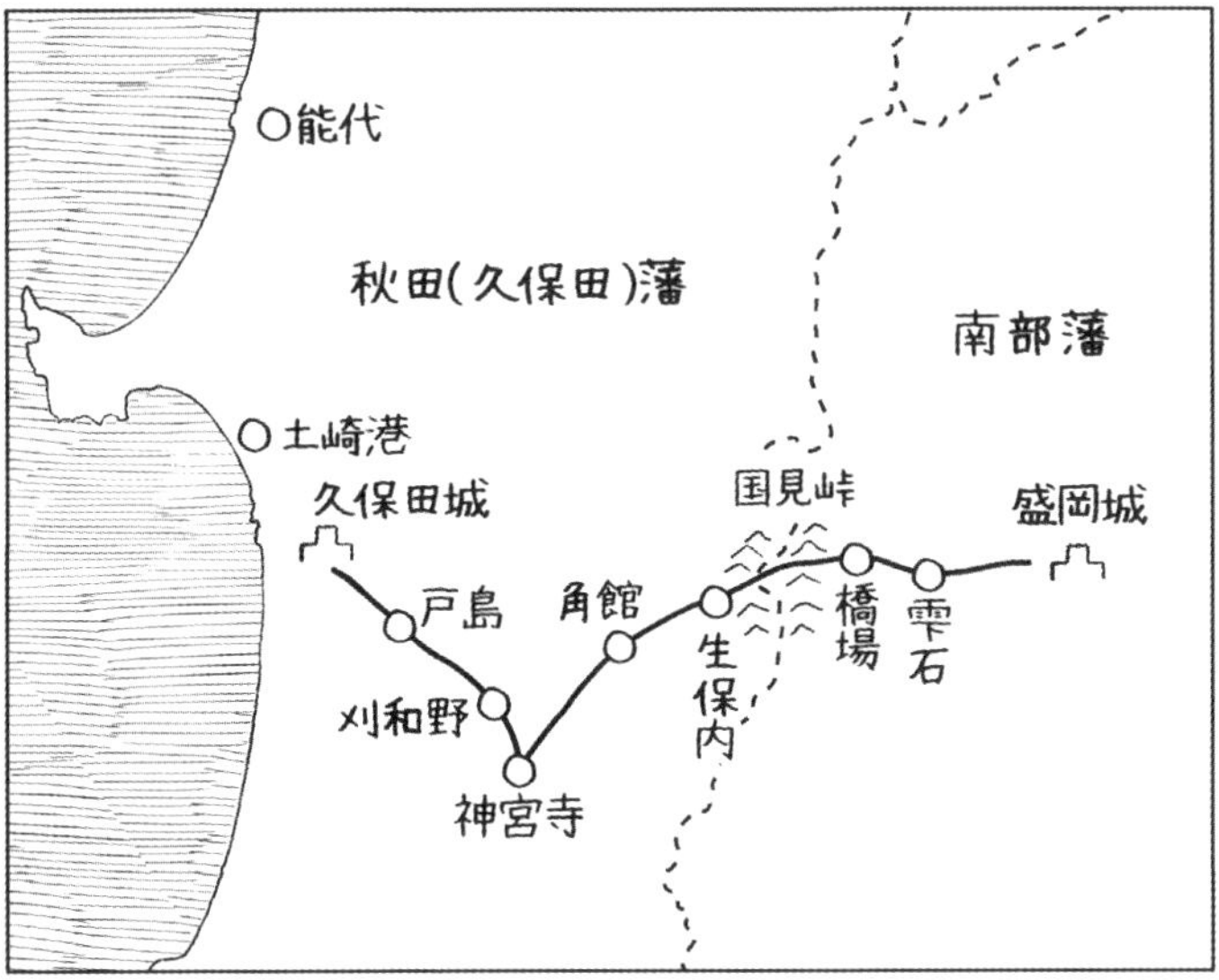

国見峠の峻険を超え盛岡から秋田に至る

人、斥候四人、太鼓方二人、軍事局九人、御目付方一人、御武具方四人、小荷駄方五人、医師三人、御旗方二人、都合一一《（ママ）》八人が随従した。

二三日。九条総督がようやく快方し八幡社に参詣した。孫六郎もお忍びで見物に出かけた。

二四日。五ツ半過ぎ進軍。総督随兵は孫六郎主従二三人（六番隊の残り）のほか、御目付方三人、御武具方五人、軍事局七人、小荷駄方八人、御旗方三人、御使番五人、斥候二人、佐賀藩三番隊三〇人、同一番隊三一人、医師二人、太鼓方三人、〆て一二三人、その外に夫卒一〇〇人ばかりである。ところが総督の先旗が引き返す様子である。尋ねてみると川留のようだという。盛岡藩の役人に問い合わせると少々回り道なら行けそうである。水は腰を越す程度というので押して進軍し、惣軍歩行《かち》渡りでようやく八ツ過ぎころ雫石《しずくいし》に到着。広光寺に宿陣。

　盛岡での宿陣所であった光台寺には二〇日あまりも滞在したから挨拶料千五百疋を渡した。

二五日（六月）。五ツ時過ぎ雫石を進軍。ひさしぶりに天気快晴。道路も悪くない。昼前橋場に到着、昼休み。ここから先は険難で馬の通行ができない。盛岡から乗ってきた馬と口取を帰した。雫石から先は小径、しかも坂道で登りは長崎日見峠の二倍くらいの峻嶮、国見峠という。藩境石があり西南は秋田領、東北は盛岡領である。国見峠からのくだり道がさらに険難、蜀の桟道も敵うまいと思われた。峠の下手前の水場で惣軍に餅を二ツずつ分配、飢渇を補いつつ歩いた。さらに峠を二〜三丁下りたあたりから頻りに雨が降り出し、険しい下り坂を滑りながらおおいに草臥れた。暮れごろ生保内《おぼない》に到着、柴田小吉宅に宿陣。

光明寺（秋田市）

二六日。九条総督が病気再発。生保内に滞陣。

二七日。例刻進軍、玉川船渡し、梅沢村昼休み、八ツ半ころ角館到着、茜屋多吉宅宿陣。角館は秋田藩佐竹氏の一族佐竹河内六千石の私領である。

総督から本嶋副隊長・前山参謀に酒肴を賜った。

二八日。角館進軍、八ツころ刈和野《かりわの》着、長沢屋吉次郎宅に宿陣。先発していた醍醐参謀が当所で総督を待ち合わせていたので、孫六郎は醍醐参謀のもとへ伺候した。

二九日。刈和野進軍、昼八ツ半ころ戸嶋着、代官所宿陣。

七月朔日。戸嶋《としま》進軍、昼休みなしにて昼九ツ時ころ久保田に到着。浄土宗寺院光明寺に宿陣。軍事局御旗奉行も同宿で

久保田城表門（秋田市）

秋田藩藩校明徳館跡碑（秋田市）

あったが、手狭のため翌日軍事局は移転、書院から本堂まで六番隊だけの宿所となった。光明寺の賄いは町人が詰めて世話をし、朝は四ツ組、昼三ツ組、晩は五ツ組で酒も付く豪勢なもてなしであった。

　能代にいた沢副総督が随兵の薩・長・筑各一隊とともに昼八ツ半ころ久保田（秋田）に到着。九条総督の久保田転陣に諜し合わせて会同したのである。ここにようやく三卿が揃った。

　総督らの本陣は城内の藩校明徳館である。孫六郎は総督本陣に三卿を訪ね伺候した。

三日。沢副総督の御召しにより佐賀・小倉両藩の役々が伺候した。

四日。仙台藩の使節が暗殺された。

仙台藩は秋田藩に奥羽列藩同盟に止まるよう説得し、あわせて九条総督を仙台に取り戻すため、使者として志茂又左衛門以下一一名を派遣した。しかし秋田藩士がその宿所を襲い暗殺したのである。

仙台藩殉難碑（秋田市）　暗殺された仙台藩使者の供養のためこの地に建てられた

翌日、又左衛門らは城門外に梟首された。

この事件を弥次右衛門は『東征日記』につぎのように詳しく記している。

当藩に仙台の使者が来た。秋田藩に奥羽諸藩の盟約を違えぬよう申し入れたという。ところが、もはや仙台は朝敵であると呼号して、夕方七ツ時ころ秋田の若手三十人ばかりが使者の宿屋を襲撃した。夜中暁までに使者の同勢九人をすべて退治、内二人の生け捕りを糾明中という。また、夜五ツ時分に秋田藩川屋節之助という者が六番隊の陣所に鑓鉄砲を拝借したいと相談に来た。敵が抜身で土蔵に逃げ込んだが、屯所まで武器を取りに行けないらしい。鉄砲一丁を貸渡した。エンフィールド銃の扱いが分からないというので、六番隊の御徒《おかち》・館宗一と仲間《ちゅうげん》ふたりも付き添った。さらに町家に逃げ込み川向うに潜伏していた者を佐賀勢の従者の一人が川に飛び込んで討ち留めた。これらのことで秋田藩から二人が陣所に罷り出、御礼の言葉があった。

弥次右衛門は梟首された立札の文言も日記に写し取っている。

五日（七月）。総督府で軍議。明日からの庄内進撃を部署したが、孫六郎と六番隊は八戸廻りの分進隊と武器到着を待って進軍することとなり、明日は前島参謀が督将を勤めることになった。

六日夕暮れには八戸からの分進隊（佐賀藩遊撃隊と五番隊および深堀六番隊の二八人）も到着、六番隊も全員が揃った。

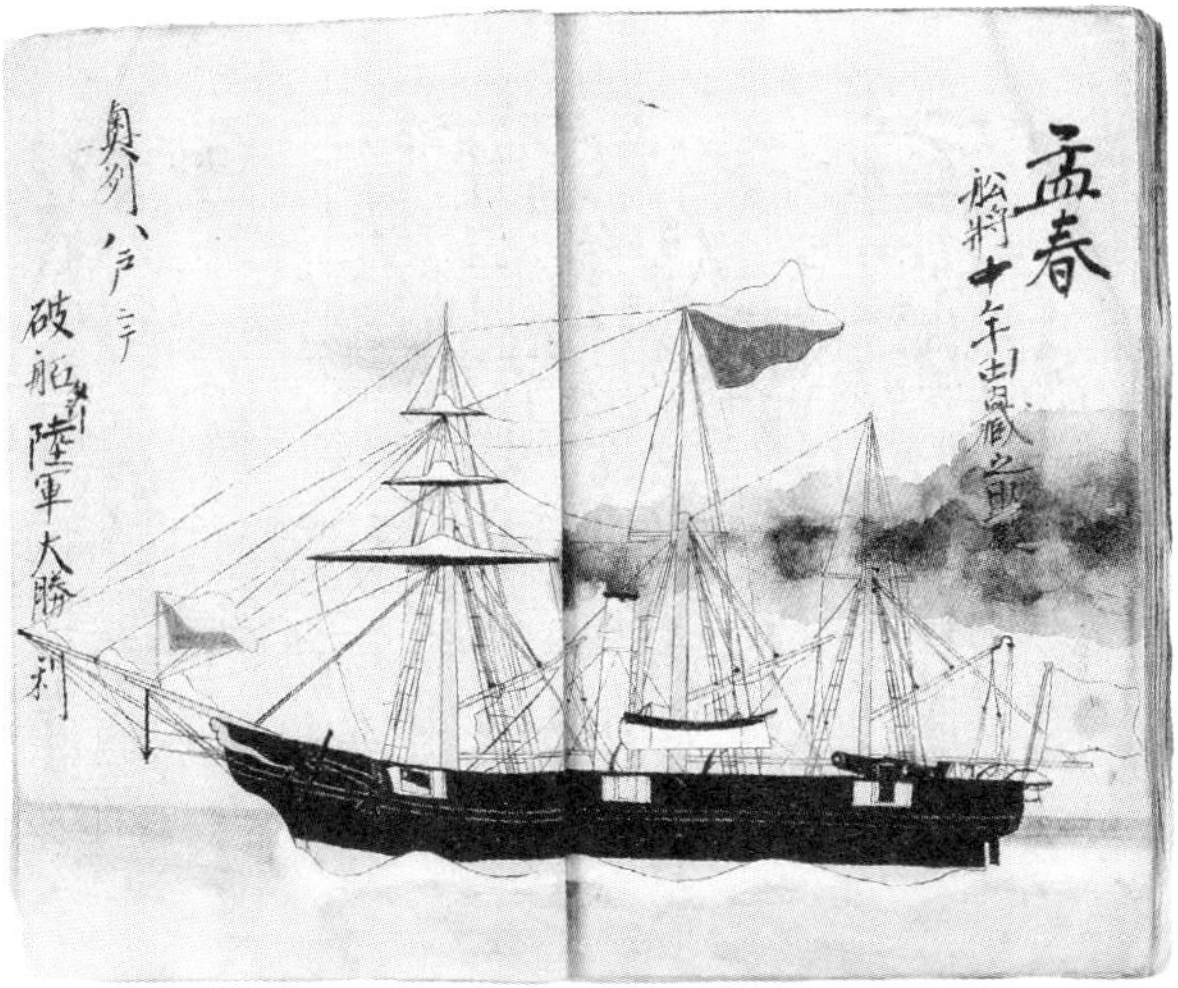


孟春丸（鍋島報效会蔵　佐賀県立図書館寄託『白帆注進外国船出入注進　三』所載
『佐賀県近世史料』第５編第３巻より転載）

七日。進軍に向けて、小荷駄運搬用の人馬と立替金五〇〇両を軍事局に願い出た。三〇〇両が渡されたので、士分に六両ずつ、御徒四両、御仲間三両ずつを支給した。

## 孟春丸の座礁

ここで時日を少し戻し、十作ら六番隊選抜隊二八人の動きを『慶応記』によって追ってみよう。

彼らは、釜石から盛岡へ陸路を搬送する武器弾薬を護衛するため釜石に向かったが、指令が変更されて、そのまま孟春丸に乗船して秋田に向かうことになったのであった。

十作らが乗り込む孟春丸は今年一月佐賀藩が長崎で購入したイギリス製の軍艦である。船将は中牟田倉之助。排水量三五七トン、長さ二二間半余・幅三間余。アームストロング砲二門・六斤砲二門を備えていた。

盛岡を出発した十作らは遠野から仙人峠の難所を越え六月一七日釜石港に到着した。

一八日（六月）払暁、孟春艦に乗込み出帆、昼頃鍬ケ崎着。翌一九日は大霧のため同所に滞泊。二〇日。暁八ツ時ころ出帆。ところが七ツ時頃にわかに大風雨、激浪は甲板を洗い船中大いに苦しみ辛うじて昼ころ鮫ケ浦（八戸）に到着した。陸路を来た遊撃隊・五番隊も到着した。六番隊は夕刻上陸、橋本屋幸次郎宅に宿泊した。聞くところによれば沢副総督が外国船を雇って孟春艦乗組兵員を輸送する計画であるが濃霧のため航海できず傭船は来られなかったという。やむなく同所に滞営。滞営中は領主よりの待遇はなはだ懇篤にして毎日酒肴を勧めて兵隊を慰労してくれた。

ところが六月二六日夜の暴風雨で孟春艦はついに白金村浜辺に吹揚げられ座礁してしまった。そこで地元の村役人や人夫を雇って海辺に仮屋を構え出張救援に尽力した。沿岸には昆布等の海草類が夥しく打ち上げられていた。

しばらく動けないまま鮫ケ浦に滞留を続けた。二九日には退屈しのぎに舟遊びをした。折しも薩州藩士橋口二郎なる者に会った。彼も同様の趣向という。互に羈旅の情を述べ橋口から鮑若干をもらった。橋口は沢副総督の護兵である。薩人にも面白い男がいたのである。十作は「薩人ノ風采亦タ佳ナリ」と評している。

七月二日。佐賀兵（五番隊・遊撃隊・六番隊）はようやく陸路鮫ケ浦を発し五戸駅で午飯、三本木宿に宿陣。

三日は七戸宿で午飯、長者久保村にて各隊整列、野辺地港に到着した。野辺地は奥羽地方有名の良港で市街もやや賑やかであった。

四日。沢副総督が手配した船が野辺地に入港。即夜乗込み五日未明出帆。初めて松前海（津軽海峡）を航行した十作は「波涛恰《あたか》モ山ノ如キヲ見ル」と述懐している。

六日朝五ツ時ころ秋田土崎港に到着し昼ころ上陸、午飯を調え進軍、久保田城下に入った。

# 第三章　羽州戦争

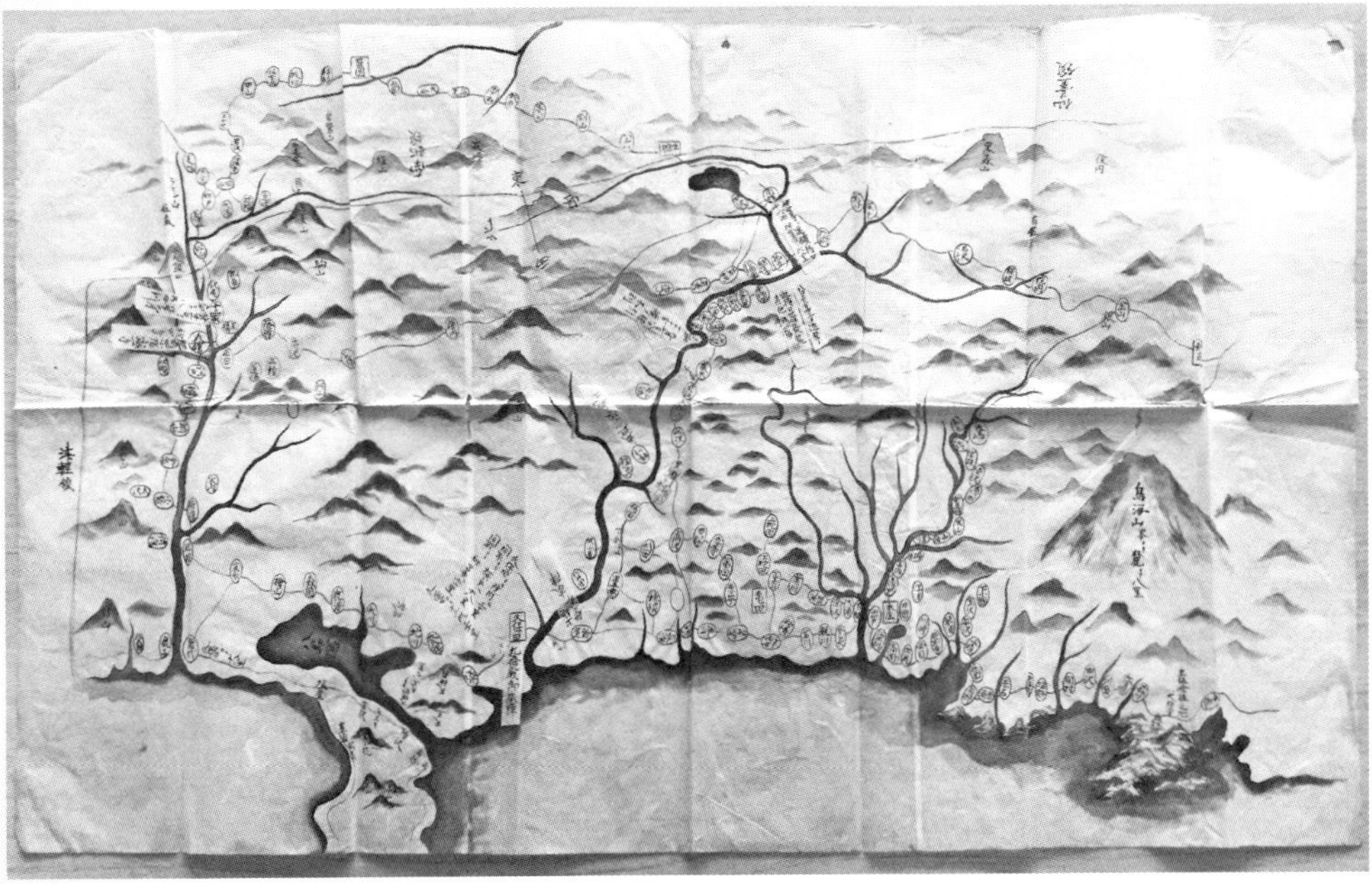

佐賀藩戊辰の役秋田藩領絵地図（小城鍋島文庫12-11）
佐賀大学附属図書館蔵

## 庄内進攻

深堀六番隊は、仙台を脱出した九条総督・醍醐参謀とともに盛岡を経由して秋田に向かい、生保内《おぼない》国見峠の峻嶮を越えて角館に至り、久保田（秋田）に到着した。慶応四（一八六八）年七月朔日のことである。右は弥次右衛門の『東征日記』ですでにみたとおりである。

こうして深堀六番隊は遙か遠い出羽の山野で庄内軍を相手に戦うことになるのである。

七月朔日、沢副総督も能代《のしろ》から秋田に到着、ここに初めて三人の公卿が会同した。兵力も九条総督護衛の佐賀・小倉兵と沢副総督随従の薩・長・筑、あわせて一二四〇余である。

総督らを迎えたものの、当時の秋田藩藩論は統一されていなかった。奥羽列藩同盟に同調する一派と新政府軍に味方して即時庄内進攻を主張する一派で激論が続いていた。そこに前述した仙台藩使節暗殺事件が起きた。事件の背景にはひそかに総督府の慫慂があったと言われている。ここに至って秋田藩は列藩同盟を離脱し、新政府軍として庄内追討のため先鋒出陣を願い出た。近隣の亀田・本荘・矢島の諸藩も同盟を離脱した。

そもそも庄内藩はなぜ討伐の対象なのか。

出羽国庄内藩十四万石は、庄内地方（現山形県酒田市・鶴岡市など）を領地とし、居城は鶴岡にあった。藩主は江戸時代の初めから一貫して譜代の名門酒井家。

文久三（一八六三）年四月、庄内藩は幕府から江戸市中警備を命じられ、攘夷派浪士の取り締まりなどを担った。会津藩が京都の治安維持を命じられたのと同様である。このため慶応三（一八六七）年一二月二五日の江戸薩摩藩邸焼き討ちでは主力となった。

庄内藩鶴岡城跡（鶴岡市）

翌慶応四年二月、江戸に戻った徳川慶喜が上野寛永寺に移って謹慎した。庄内藩主酒井忠篤《ただずみ》も二月一五日、鶴岡に戻って謹慎するため、家族を引き連れ江戸を発った。

会津・庄内の処分について問い合わせた奥羽鎮撫総督府に対する二月一七日の大総督府の回答は、「会津は罪死に当たる。庄内は領地返上、屏居して沙汰を待つべし」というものであった。

佐々木克『戊辰戦争』（中公新書）は、「薩長政府が、この一月一〇日公表した〈朝敵〉のなかに庄内藩の名はなかった。しかし徳川家側近藩の庄内藩が、なんらかの処分を受けるのは時間の問題であった」と述べる。慶応四年三月二六日、新政府は奥羽の旧幕府領を没収した。ところが、それより少し前の三月五日、幕府は出羽国村山地方の幕府領を庄内藩に預け地として給与していた。庄内藩は村山の柴橋代官所の蔵にあった年貢米を酒田に回送した。前年分年貢は当然幕府のものだからである。しかしこの行為が「羽州荘内賊徒、柴橋郡庁を掠め（『復古記』所引「醍醐忠敬手記」）」と、庄内藩を柴橋郡庁の年貢を略奪した賊徒であると断じ、新政府に敵対する討伐理由にされてしまったのである。討庄令は「庄内藩自身が誘発したようなものである」（同書）。

こうして去る四月六日、九条総督は秋田藩に庄内追討を命じた。

大義のない戦争である。東北諸藩は、新政府の会津・庄内討伐命令を薩摩・長州の私怨であると見ていた。総督府の厳命を受け閏四月七日、庄内藩に宣戦を布告したものの、両藩とも本格的な戦争は避けたかった。

「秋田藩は、一方で必死の戦争引き延ばし工作を展開していた」。「閏四月一三日、秋田藩主は庄内攻撃を決し、一九日から二二日まで秋田・庄内藩兵間で戦闘が行なわれたが、小ぜりあい程度にすぎず、死人も出なかったようである」(佐々木克『戊辰戦争』)。

秋田藩ではこの戦闘を「春の御陣」とよぶ。

しかし、ついに七月になって九条総督ら三卿が久保田に会同し、仙台藩使節暗殺事件もあって、秋田藩は新政府連合軍の先頭に立って庄内藩と戦わざるを得なくなったのである。

七月五日、新政府軍諸藩の隊長は総督府本営の会議所で軍議を開いた。庄内攻撃の部署を定め、出発を明日と決定した。

新政府軍は庄内軍に対して山道口(院内口)と海道口(小砂川口、新屋口ともいう)の両方面から進撃する作戦である。山道口方面軍は秋田から南進、横手・新庄を経て庄内に向かう。海道口方面軍は日本海海岸沿いに本荘を経て庄内に向かうルートである。山道口新政府軍には佐賀兵・薩摩兵・長州兵・小倉兵・秋田兵が部署され、海道口には佐賀兵、筑前兵二小隊と秋田兵が部署された。

山道口佐賀兵は田村乾太左衛門を隊長とし、一番〜四番隊および応変隊の五小隊に遊兵、大砲一門を擁する砲兵隊で編成した。海道口は三小隊(五番隊、六番隊、遊撃隊)で、隊長は鍋島孫六郎である(副島以順回顧談による)。

六番隊は孫六郎直属の親衛隊である。つまり佐賀勢の主力は山道口にあてられたのである。

総隊長の孫六郎が主力部隊を引率せず乾太左衛門に預けたのは、海路をとった五番隊・遊撃隊およ

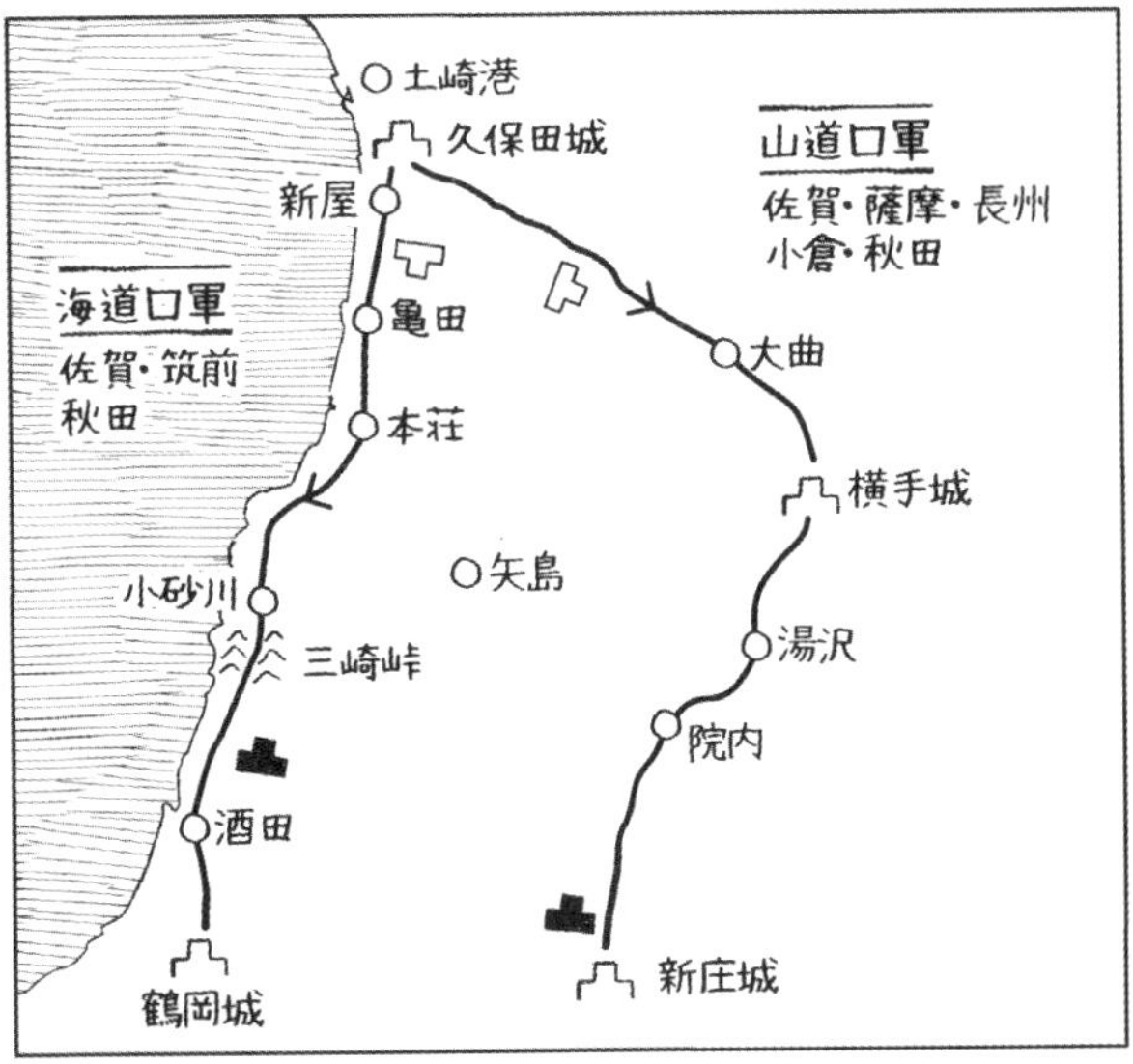

海道口方面隊と山道口方面隊

び六番隊の一部の者たちの秋田到着を待ったからであろう。

## 海道口進軍

七月六日明け六ツ、惣兵が陣所に勢ぞろい、御酒拝領ののち総督府で九条総督に御目見え、諸軍は山道・海道の両道から秋田を進発した。『復古記』所引「久保田藩記」には、海道口方面の部隊について、

> 七月六日、総督府ノ命ヲ蒙リ庄内征討ノ節、新屋《あらや》口ヨリ軍将渋江内膳手・小野崎三郎手・遊撃隊荒川久太郎手一中隊・有志隊佐藤日向手一中隊、肥州藩鍋島孫六郎銃隊鎗隊ニテ五百人位繰出申候、当口監軍トシテ山本登雲介出張、解兵迄進退同人ノ指揮ヲ得候

とある。

海道口方面は秋田藩軍と佐賀藩軍があたり、長州藩士・山本登雲介が監軍として全体の指揮を執ったのである。

『秋田県史』によれば、秋田藩の新屋口に部署された兵力はつぎのとおりである。

六日出発　遊撃隊荒川久太郎人勢一二〇人、同佐藤日向人勢九〇人。

七日出発　一番手軍将渋江内膳人勢一二八四人、附属番頭小野崎三郎人勢二七一人、砲六門。

海道口方面は筑前兵・秋田兵が先発したが、総督府は孫六郎には久保田残留を命じた。盛岡から分進した部隊が、孟春丸の座礁事故によりいまだ到着していなかったからである。この部隊は前述したように六日夕暮れ到着した。

八日（七月）明け六ツ、孫六郎が率いる佐賀勢は御酒拝領ののち陣所光明寺を出馬。行軍は以下の順序である。

一、斥候

一、御旗　太鼓二

一、遊撃隊二五人　五番隊

一、御幟《しはん》半役々

一、御本陣（孫六郎）

一、六番隊

一、大砲一隊

一、御小荷駄御武具方役々

城下を出、新屋村を経て長浜村で人馬継替え、昼休み。浜街道で砂地の行軍は殊の外くたびれた。四ツ時分、道川村到着、本陣に止宿。

九日朝五ツ前、道川を出馬。雨天となり砂地が却って歩きやすくなるかと思ったが、段々風が強く

本荘公園本荘城跡（由利本荘市）

なり砂塵が顔に打ちつけ、兵隊はみな難渋した。松ケ崎で人馬継替え、神沢寺という山伏寺で小休。監軍から佐賀勢は石脇にて宿陣せよとの連絡があったが、そこには既に秋田・筑前兵が止宿していたので、石脇を通り抜け、川船渡しで八ツ半ごろ本荘城下古雪町薄木七郎兵衛宅に到着した。

本荘藩主六郷兵庫頭の使者が兵隊に酒を持参した。

長州藩士軍監山本徳之助（登雲介）が孫六郎に面会したいと訪ねて来た。副隊長福島礼助も呼び出し夜四ツ過ぎまで酒席となった。

一一日、佐賀藩軍事局から次のとおり通達された。

進退の合図は半鐘を以て行うので異乱なきよう。

一、三点を打つときは一同奮戦、速やかに敵を討ち取るべし。

一、急々連打するときは一隊にまとまり繰り込むべし。

一、進戦の節、昼は印として左腕に紅裂《き》れを結び付け、夜は白裂《き》れを左肩から右脇に懸け結ぶこと。

本荘藩が敵に与同し、庄内から鉄砲などを借り入れているとの風聞があった。糾明したところ疑念はない旨軍監から連絡してきた。

前山参謀から軍監あての書状を軍事局から孫六郎が借り受けて来た。弥次右衛門は早速写し取った。

それには、「山道口の肥前兵も矢島着陣の由。本荘・亀田も藩主公が参陣し応援を表明しているので、よろしく指揮ありたし。矢島の国情も巨細に言上、疑念はない。アメリカ軍艦は当方にて取り入れ一先ず箱館に戻り、肥前藩海軍が乗り込みアルムストンルを積み込み、一五日より内には酒田に乗り廻るはずである。庄内勢は清川口・白川口に出兵し、庄内は空虚に疑いない。速やかに討入が肝要と思う」、とあった。

一二日（七月）、六ツ半ころ本荘進発。旗本の仁賀保《にかほ》孫九郎知行所平沢村名主一兵衛宅にて昼休み。夕方七ツごろ本荘領塩越村に到着、深田惣兵衛宅に宿陣。平沢村に宿陣の予定であったが、敵地進撃を急ぐため塩越に進軍し、夜半から兵粮を用意、進撃の手筈を整えたのである。

小砂川漁港から眺める三崎峠（にかほ市）

## 小砂川の戦い

海道口において新政府軍に相対する庄内藩軍は三番大隊と四番大隊であった。このころ酒井兵部を総隊長とする三番大隊は本営を吹浦におき、鳥海山中腹の観音森と藩境の三崎峠に防衛ラインを敷いていた。対する新政府軍は、佐賀兵などの一軍が海岸の街道から三崎峠に、秋田兵などもう一軍が観音森に向かう作戦である。

佐賀勢の戦況は『復古記』所収「鍋島直大家記」によれば、次のとおりである。

一三日朝六ツ時過ぎ小砂川《こさがわ》から攻撃したところ、敵（庄内軍）は村中の藪陰から小銃を撃ち出し先手の人数が待ち合わせ

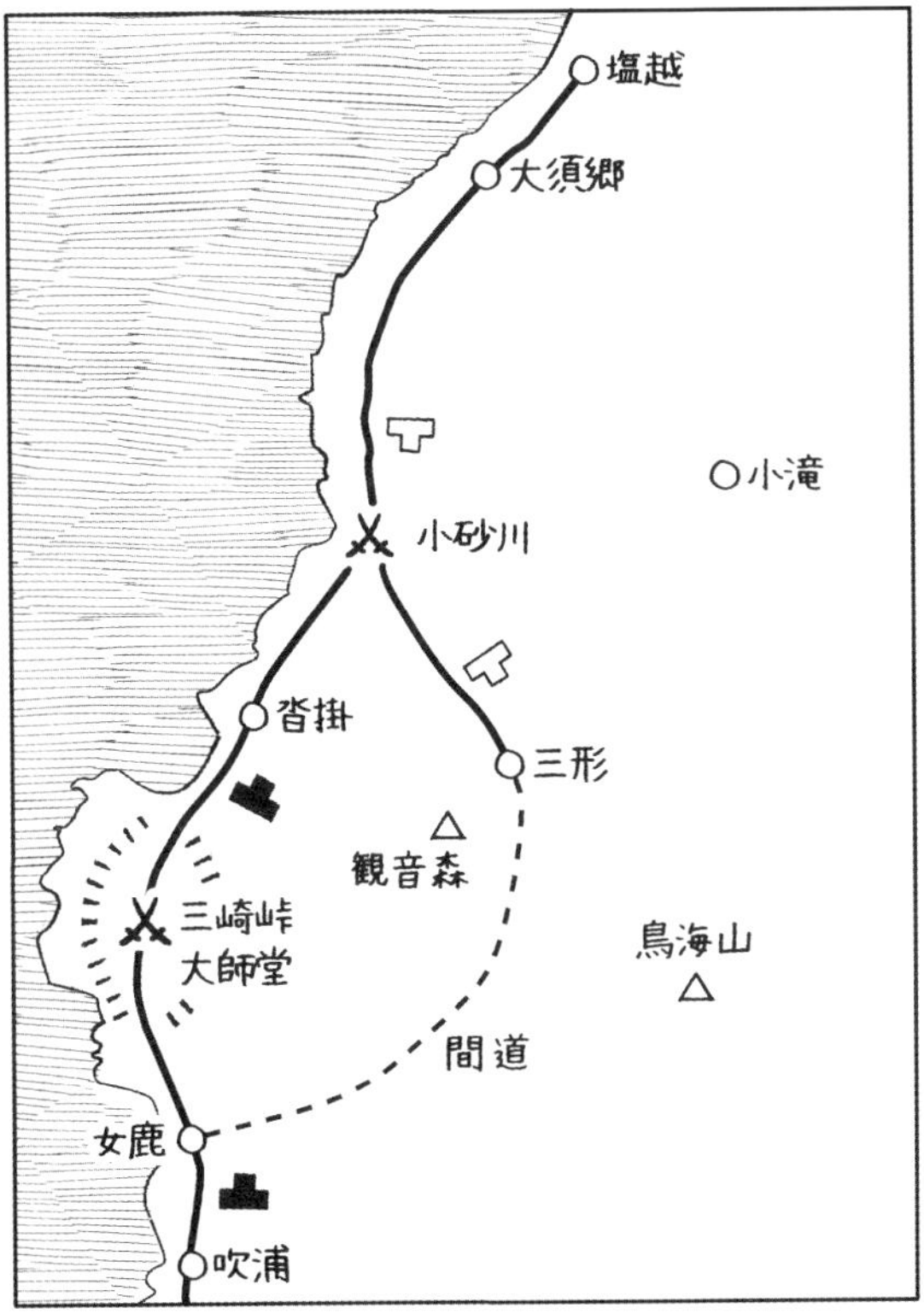


小砂川・女鹿の戦い　7/13 〜 7/16

ていたので、大砲を進め、横合いから銃隊を入れ放火、逃げる敵を追撃した。四ツ時ころ三崎嶺の前松林まで攻め寄せ、敵（庄内軍）が峰の上、大師堂へ引きこもったので再び大砲を打ち立て、隙間なく攻め入り敵陣へ三丁ほど近づいたが、敵（庄内軍）は山頂絶所に布陣して繰り返し繰り返し防戦。味方は苦戦したが、応援もない。やむなく八ツ時ころ引き上げた。小砂川を陣所に定め松林に備えを立て、兵隊を休息させた。

戦死一人、士分戸田基一郎。手負一人、鍋島孫六郎家来向井喜助。

さて、三崎嶺は地形嶮岨、尖石乱立、しごく難渋の場所である。無策に攻めては怪我人が多くなる。小砂川から谷間を切り開き仕寄を付け台場を築いて、一四日も互いに砲発、暮れ頃止んだ。

手負二人、士分水田源之進、堤三四郎。

以上、ここでは「鍋島直大家記」の記述にとどめ、深堀の記録『東征日記』や『慶応記』の記事は次章で紹介する。

## 女鹿村の激戦

右のとおり新政府軍は一三・一四日と攻撃を続けたが戦況は振るわず、一五日も進展はなかった。そこへ観音森に向かった秋田の佐藤隊・荒川隊が、庄内軍と交戦中、山道を間違えて小砂川に出てしまい、一四日夜、駐屯する佐賀勢の陣所に一泊を乞うた。秋田隊は名誉挽回のため間道から女鹿《めが》を襲い大師堂を挟み撃ちにしたいと切望した。ここに本道正面からの攻撃と間道迂回攻撃が部署された。間道からの女鹿奇襲部隊には秋田二隊とともに深堀六番隊が選抜された。

七月一六日夜半から女鹿焼き討ちが敢行された。

軍監山本登雲介が指揮する秋田兵を先陣とし、深堀六番隊二七人が後陣についた。六番隊は敵庄内軍の猛攻を受けながらも女鹿村に到着、すぐさま女鹿村を焼き払った。その後進んで大師堂の敵を討つため砲撃、敵も応戦砲撃してきた。敵の援軍に前後左右を取り巻かれ、死傷が続出した。いったん退くべし。地理不案内の山中を敵の目をかすめながら潜行、日暮れようやく味方の松原砦に帰還した。

緒戦にして深堀六番隊最大の激戦となった。

この女鹿村の戦いについては、章をあらため次章に詳述したい。

## 応援要請

女鹿激戦ののち、新政府軍と藩境を越えて侵入した庄内軍はしばらくにらみ合いの状態が続いた。新政府軍の兵は敗戦で疲労していた。これ以上の攻撃を避け、全軍塩越《しおこし》まで退却し、中ノ沢・関村・小滝・本郷など防衛ラインに砦を築いて守備した。

【史料原文】

官軍ハ此ノ疲兵ヲ以テ急ニ攻ムベカラザルヲ議シ、惣軍汐越ニ退キ砦ヲ中ノ沢・関村・小滝・本郷等ニ築キ之ヲ守ル（『慶応記』）。

二〇日（七月）、夕七ツ時ころ佐賀藩遊撃隊・五番隊・軍事局役々は中ノ沢に出張、亀田藩兵と交代勤番した。中ノ沢は本荘藩領で、敵の砦がある大師堂と塩越村の中間にあたる。

この日、軍事局から昼間の袖印について白裂《しろきれ》を左肩から右脇に懸けて結び附けるように改めると通達された。ただし敵合の時以外は外してよいとされた。

以前に通達された紅裂《あかきれ》だけでは戦闘中の目印にならなかったようである。

ところで、弥次右衛門は昨一九日夕七ツ時分から塩越を出発、二〇日昼四ツ時分に秋田の総督府に到着した。応援要請のためである。

去る一六日には戦場を後退して塩越村に滞陣しているが、戦闘員は佐賀藩の三隊（遊撃隊・五番隊・六番隊）だけで、秋田兵は鉄砲など器械が貧弱なうえ練兵でもなく進撃には不十分、本荘・亀田は逃げ足が速いだけ。このままでは敵に夜討ち朝懸けで急襲されれば味方は大敗、本荘すら踏み潰されそうな形勢である。総督府から江戸表に応援を求め、軍艦五艘・兵隊千人・大小銃器械の派遣を要請注進すべきであると、弥次右衛門が孫六郎に進言した。使番は多忙につき弥次右衛門みずから使者として、副隊長福島礼助の書状を持参し、参謀前山精一郎を秋田に訪ねたのである。しかし前山参謀は院内に出張中、薩摩の参謀大山格之助と面談した。「現有の兵力では進軍は困難、しばらくは塩越に滞陣して守衛するつもり。早急に救兵を差し向けてほしい」と要請し、福島の書状を見せた。大山も応援の必要を感じていた。すでに江戸に連絡、軍艦三艘・兵隊千人が来援の予定という。また「会津は越後から攻め白川口に兵を置き、一〇日には仙台を平方から攻めるよう手配した。まもなく仙台が落城すれば、その兵隊を庄内戦に動員するはずである」ともいう。さらに弥次右衛門は、院内口佐賀勢をみな大師堂口に繰り替えてほしいと依頼した。

大山参謀も塩越に向かうとのことで昼食後、同道出発した。途中で大山は先に行き、弥次右衛門は本荘に夜五ツ時分到着、一泊して二一日昼頃、塩越に帰着、ことの委細を軍事局に報告した。

## 矢島陥落

峰弥次右衛門の『東征日記』はいったん七月二一日で中断し、以後は断簡しか残っていない。そこでこれ以後、深堀六番隊の動きは江口十作の『慶応記』によってみていく。

二一日（七月）、弥次右衛門が久保田から汐越（塩越）に戻った。久保田には応援の兵が来ているという。佐賀兵一〇〇〇人、長崎兵隊三〇〇人、大村兵三〇〇人、平戸兵五〇〇人、島原兵四〇〇人、都合二五〇〇の兵がすでに土崎港に到着し、直ちに諸道へ分遣されるらしい。この情報に疲労した官軍も勇気を回復した。

『慶応記』は右のように述べるが、長崎兵隊すなわち振遠隊《しんえんたい》を輸送する英艦が秋田土崎港に入港したのは二三日朝、さらに島原・大村・平戸の藩兵が秋田に到着するのは八月に入ってからである。各藩に出陣命令が出たという話を聞いたか、あるいは十作の記憶違いであろうか。

二二日、監軍営所で会議があった。この夜の合辞《あいことば》は「筒先揃ウ」であった。同夜、遊撃隊・五番隊が中ノ沢から汐越に帰営した。

二三日、総督府から兵隊に酒を賜わった。また秋田侯と蚶満寺《かんまんじ》からも酒が贈られた。この夜の合辞は「戦ヘバ勝」。二四日夜の合辞は「攻メレバ取ル」であった。

二五日、夕刻から佐賀藩五番隊と深堀六番隊は秋田兵と交代するため中ノ沢に向かった。西の浜手は本荘兵が守り、各々篝火を焚いて厳重に警備した。この夜の合辞は「此レハ御見事」。

『慶応記』がたびたび記録するように戦場では合言葉が使用された。それは「単に佐賀藩から羽州に派遣された佐賀藩兵の間でのみ使用されたのではなく、庄内兵と戦う新政府連合軍（官軍）共通に使用された」。しかも「当日の戦闘のために、参謀局、あるいは軍監局で、おそらく未明に話し合われたことが早朝には全軍に布達されていたであろう」という（川副義敦「羽州戦争再考」図録『鍋島茂昌と羽州戦争』二〇一七）。

十作の『慶応記』には毎日の合言葉が一二種記録されている。

二六日、秋田兵二小隊が汐越を出発、荒井川を守備した。

二七日、敵は密かに大砂郷（大須郷）村を焼き打ちにしようとした。百姓たちは嘯集、喚呼して退散したとの知らせがあった。夕刻、秋田兵が中ノ沢に到着した。五番隊と六番隊はこれと交代して汐越に帰営した。途中はるか東方の空に火焔があがるのを見た。これは敵が不意に矢島を襲い市街に放火したものであった。この夜の合辞は「彼辺《あっち》ハ危殆」であった。

二八日、この夜の合辞、「加勢ハ百万」。

二九日（七月）、筑前兵が関村の守衛を解き矢島へ応援に向かった。

右の二七日記事にみえる矢島は本荘藩に隣る旗本寄合・生駒氏八千石の城下である。その日、庄内軍は鳥海山を越えて背後から矢島を襲撃。守備の薄かった矢島は防戦かなわず、領主生駒親敬の陣屋に自ら火をかけて、監軍上田雄一に従って立ち退いた。庄内軍は城下を焼き占領した。

このように庄内軍は藩境を突破して侵攻してきたが、新政府軍はこれを破ることができず、しばらくは両軍対峙のまま七月が過ぎた。一六日の猛攻にもかかわらず功が挙がらなかった理由を『秋田県史』（三五一頁）は、

「鳥海山を中央にして領境には越ゆべからざる出羽丘陵の絶険が横たわり、（庄内藩が）攻口として三崎・観音森・増田の如き堅壁を全くその手中に握っていたことゝ、官軍は敵状偵察の不充分に加えて、地理不案内な軍監の指揮によって戦略が樹てられたためであったと見られる」

と分析する。

## 本荘に退却

小砂川に駐留していた庄内軍が八月一日、三方面から攻撃を開始した。

秋田軍の中ノ沢（佐藤日向一隊と渋江内膳の二小隊が守備）、関（荒川久太郎の二小隊が守備）、小滝（小野崎三郎・梅津千代吉が守備）などが襲撃された。

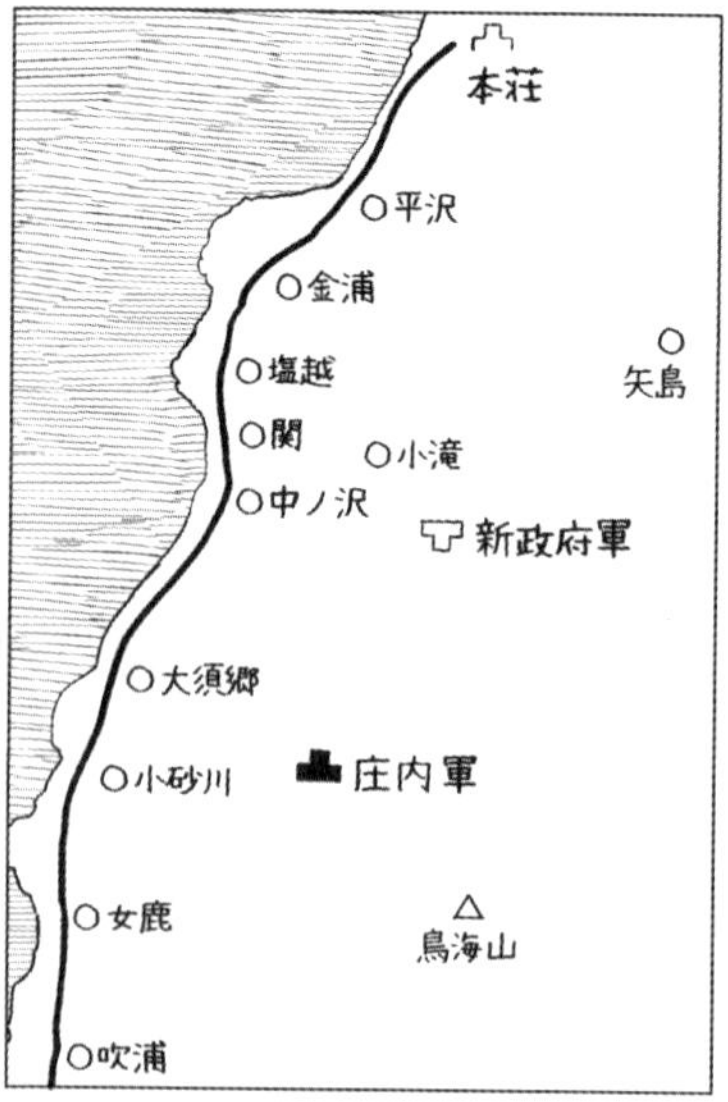


本荘に退却　8/1 ～ 8/4

『慶応記』はつぎのようにいう。

八月朔日の払暁、敵の庄内軍が二手に分かれて襲来した。味方は中ノ沢・小滝の守りを失い、秋田兵・本荘兵はすこぶる苦戦、遂に関村へ退いた。敵はさらに侵攻して中ノ沢を焼き、直ちに関村に迫った。要地はすでに敵に占拠され、秋田兵・亀田兵は防戦大いに苦しんだ。死傷者も少なくなかった。ここにおいて我が佐賀藩遊撃隊と五番隊は東方から山手を迂回し敵の側面に出、深堀六番隊および野戦砲一門をもって前面から応援しようとした。ところが関村もまた大敗し、秋田兵その他の潰乱はとどめようもなかった。敵はこの機に乗じて関村に放火、その勢いは猖獗を極めた。旧幕府軍の脱走兵の多くは庄内軍に加わっていた。敵の兵隊はすこぶる剽悍である。この状況では少人数の部隊が敵に当るのは無理である。それぞれ守衛を固くして出動を見合わせた。敵は転戦して小岳（小滝）を陥落させ、わが軍の後ろを絶とうとした。この日の敵の行動は非常に巧みであった。官軍は小勢かつ数日の戦いに疲労していた。加えて亀田藩が寝返りそうでもあった。亀田藩が寝返れば官軍は地理的に大いに不利となる。諸軍とも背後を気にして士気があがらない。夜に入ってついに金ノ浦《このうら》への退却が決議された。このあたりは小さな山が並列し要衝となるような場所がなかった。敵が後方から襲撃する恐れがあったからである。佐賀勢が殿軍《しんがり》を勤めた。

二日の黎明、関村を出発、金ノ浦よりさらに後方の平沢に退いた。このとき味方の津軽兵が来あわせたので津軽兵を平沢に残し全軍本荘にひきあげた。

三日暁、敵は平沢に放火、煙と焔は天に漲った。さらに敵が本荘を襲撃するという報せがあった。佐賀軍の兵は口々に言った。「我々は疲労しているとはいえ敵の来襲を待つより中途で敵を迎え打って雌雄を決すべきである」と。本荘よりおよそ一里、壁浜まで進み、亀村で宿陣し地形に拠って敵襲

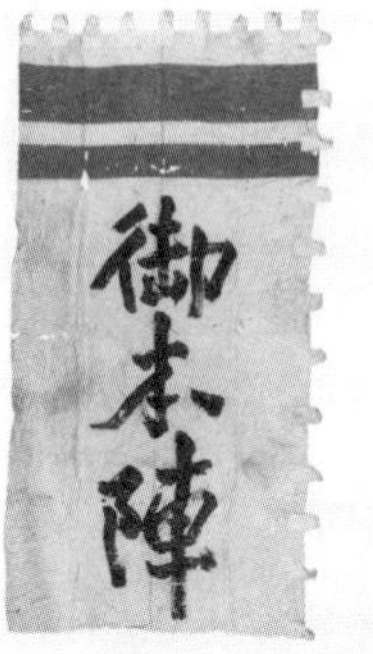



武雄軍御本陣旗

晩年の鍋島茂昌肖像

（いずれも武雄鍋島家資料　武雄市蔵　武雄市図書館歴史資料館展示図録より転載）

を待ち一晩中厳重に警備したが、敵は来なかった。この夜の合辞は「是処《ここ》ハ要害」であった。

四日も同所を守った。

## 武雄兵の合流

鍋島孫六郎が率いる佐賀藩兵が本荘に駐屯しているとき武雄兵がこれに合流した。

これより先、慶応四（一八六八）年五月、新政府は佐賀藩武雄邑主鍋島上総（茂昌《しげはる》）に出陣を命じた。武雄は早くから軍制に洋式を取り入れ、当時最新鋭の洋式銃砲を装備していた。新政府もこれに注目し、陪臣ながら上総を直接召し出したのである。当初は横浜へ出向すべしとされ、蒸気船で上洛、参内して錦旗と軍扇を授けられた。その後、出向先が越後に変更され、さらに出羽への出動が命じられた。こうして兵六〇四、夫卒およそ一三〇、惣人数七三七人に大砲一〇門を備えた（『茂昌公羽州御陣中記』）武雄の大軍団が秋田戦線に投入されたのである。

『茂昌公羽州御陣中記』によれば、茂昌は七月二八日辰上刻、秋田領土崎湊に上陸、永覚町間杉五郎八宅に投宿した。昼八ツ時、久保田城下に向かい直ちに九条総督らの陣所に赴い

武雄軍本陣浄願寺（秋田市）現在は改築されている

スペンサー銃（佐賀城本丸歴史館展示）＝著者撮影

た。七ツ時、寺町の浄願寺を本陣とし、兵隊も追々城下に繰り込み本陣左右に宿陣した。

　蒸気船で到着した武雄兵が携行したスペンサー銃などは秋田の人々の注目を浴びるに充分であった。武雄の平吉誠舒は「我軍ノ休止スル地ノ人民甚ダ携ル所ノ小銃ヲ注目ス、蓋シ七連銃（乃チ《すなわち》私篇施尓《スペンセル》銃）ハ皇国未ダ知ルモノナケレバナリ」と、誇らしげに記している（『従役日誌』）。

　翌々八月朔日夕刻、茂昌の到着を知った孫六郎が滞陣中の本荘から訪ねて来た。

　武雄の牟田忠行『従軍日誌』八月朔日条に、

　　深堀公本営ニ来ル、七月日官軍女鹿ニ戦ヒ敗シテ本城（本荘）ニ退キ陣スト云フ

と見える。

また『茂昌公羽州御陣中記』八月朔日条にも、

八半時比《ころ》、左馬助様御出候、被成御一泊相《（ママ）》成候

とある。孫六郎は昨年末の上京までは左馬助を称していた。薄暮に至り雨となったので一泊したのであろう。孫六郎は先月一六日の女鹿村の激戦を説明し、ふたりは深夜まで語り明かしたに違いない。

佐賀藩武雄領の邑主武雄鍋島家は深堀鍋島家と同じく佐賀藩家老の家柄である。武雄のほうが上席であるが、孫六郎の祖母幹《より》は武雄から深堀に嫁いでおり、両家は姻戚である。茂昌《しげはる》は幹の甥にあたる。天保三年生まれ、孫六郎より一歳年長である。また去年の正月には武雄に招かれ一緒に猪狩りを楽しんだこともある。孫六郎と茂昌とは親しい間柄にあった。

八月朔日、総督府は早くも武雄軍団に出撃命令を下した。到着早々の武雄兵は艦船の長い船旅で疲労し地理も不案内であった。しかし大総督府の督促を受けて、茂昌はさっそく先鋒二大隊と野戦砲四門を海道口戦線に投入した。八月三日、本荘を目指して久保田の本陣を出発した武雄兵先鋒二大隊と砲隊は新屋・長浜を経て亀田藩領道川に宿陣した。四日払暁、道川を出発、日暮には本荘城下に到着した。本荘には孫六郎ら佐賀兵が駐屯していた。武雄兵は敵軍の状況をつかみ、孫六郎隊と合流して平沢に進攻することとなった。

この武雄兵の動きについて『武雄市史』は「この武雄部隊は本庄から矢島を通って院内に向かう予定であったが、佐賀本藩部隊の切なる要望により、作戦を変更して海道口の本藩部隊と行動をともにして平沢に向かったのである」とする。

矢島は現秋田県由利本荘市、生駒家一万石の小藩である。

『復古記』は「按スルニ（中略）達書院内口トアルハ誤ナリ」と茂昌への達し書が誤りで予定変更ではないとするが、辰八月朔日付け奥羽鎮撫総督府の命令書（武雄市図書館歴史資料館図録『明治一五〇

年鍋島茂昌と羽州戦争』）には、

「遠国遥ニ航海、疲労不一方筈《ひとかたならざるはずに》候得共」と長途を慰労しながらも、たしかに「既に賊徒が当国（秋田）国境に迫り官軍は小勢で日夜苦戦との報知である。速かに院内へ繰り出し、到着のうえは官軍隊長と協議し精々尽力するよう申し付ける」とある。

【史料原文】

既賊徒当国境江相迫リ官軍微勢ニ而日夜苦戦之趣追々報知有之候ニ付、速ニ院内江繰出、到着之上者官軍隊長申談、精々尽力可致候様申付候事

総督府からは院内への出陣を命じられたものの、旧知の孫六郎の窮状を聞いた茂昌は本荘の危急救援に当たったのであろうか。

武雄の儒者立野元定の従軍記『戊辰羽州役記』八月七日条には、

鍋島孫六郎、我軍ノ至ルヲ聞キ大イニ喜ンデ廼《すなわち》チ我御本営ニ来リ速ヤカニ救援防禦アランコトヲ求ム

とある。

女鹿村の激戦で疲弊したわが軍には頼もしい味方である。

『慶応記』八月五日条には短く「此ノ日武雄兵来会」とのみ述べる。

## 平沢の戦闘

『慶応記』の記述にもどる。深堀六番隊は武雄隊とともに攻勢に転じた。

八月五日、官軍（深堀六番隊・遊撃隊・五番隊・武雄兵）は進撃して平沢の敵を襲撃しようとした。

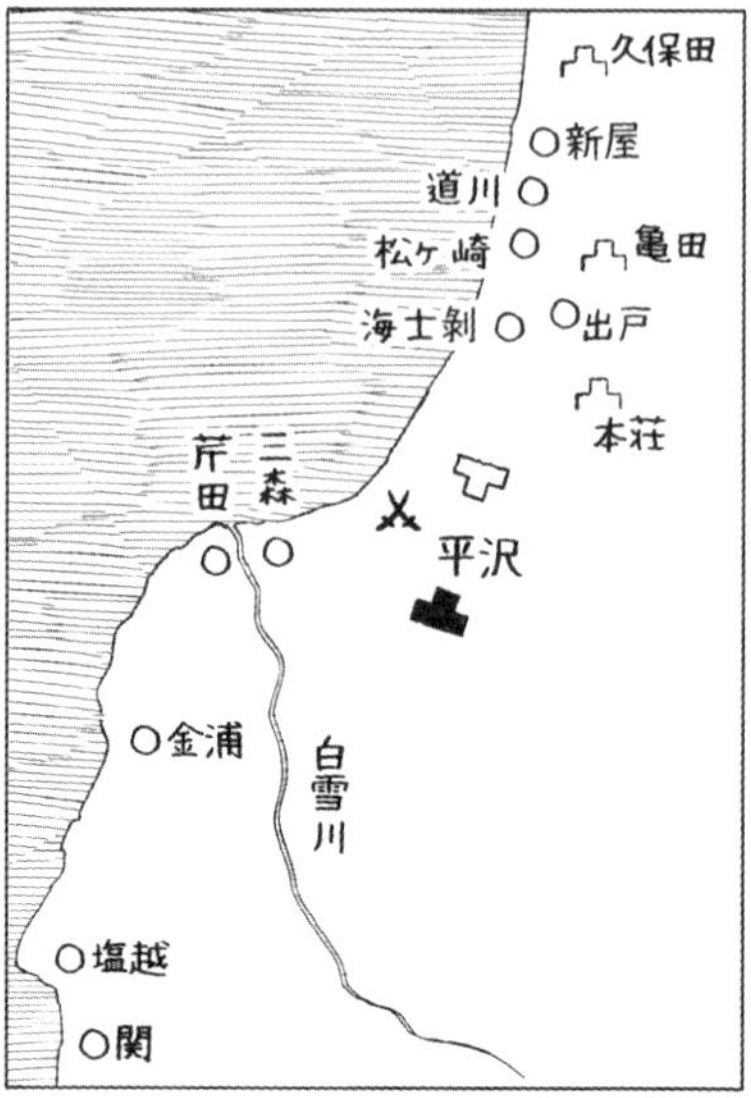


平沢の戦い　8/5

夜半出発し馬に枚《ばい》を含ませ平沢に向った。そして平沢の手前数丁のところで全軍要所に潜んだ。敵が本荘に迫ったところを途中で襲う作戦である。しかし敵は来なかった。そこで琴ケ浜（琴浦）まで進むと村人が来て「庄内軍は平沢の安楽寺に屯集して今、食事中だ」と告げた。官軍は突進して安楽寺の四面を取り囲んだが、庄内軍は官軍の来襲を知ってすでに退去した後であった。味方全軍安楽寺に集り、進軍すべく議決した。遊撃隊ならびに五番隊は武雄兵三小隊とともに山手から進み、深堀六番隊は武雄兵若干と平沢に止まり臨機に進撃することとなった。そこで深堀六番隊は地利を偵察するため所々を巡邏した。再び村人が敵の大軍が来ると知らせてきた。たちまち敵の斥候二人の姿が見えた。即座にこれを砲撃し直ちに川岸の守備を整えた。このあたりは芹田村・三森村という村である。ここには船渡しの大河があった。予想通り庄内軍が襲来、今にも渡河する勢いである。敵は大軍だったが我々に先鞭を着けられ進むことはできない。川を挟んでの砲撃戦となった。遊撃隊・五番隊さらに武雄兵もみな応援に駆け付けた。このとき俄かに雨が降り敵軍はついに敗走した。官軍はこれを追撃、大勝利であった。

この戦いで深堀六番隊の堤兵力が負傷した。この大勝利は全く我が六番隊の神速な働きによるものである。六番隊は安楽寺に戻ってしばらく休息の時間を持った。

六番隊とともに巡邏に当ったのは武雄の平吉誠舒隊である。平吉の『従役日誌』には、我が隊はまず平沢の西南を深堀六番隊と巡邏した。斥候が敵の存在を知らせてきたので、どんどん進軍した。敵の庄内軍の斥候に遭遇したので狙撃したが命中しなかった。三ツ森川まで進むと敵の庄内兵三～四〇〇が迫ってきた。味方の地の利が悪く木陰や堤の陰に隠れながら敵の右翼を攻めた。敵の弾丸は雨霰のように降り注ぎ、防戦に甚だ苦しんだ。しかも折からの風雨でずぶ濡れになった。

【史料原文】

予ガ隊ハ六番隊ト巡邏ニ当ル。先平沢ノ西南ヲ探ル。途ニ斥候ニ逢フ。賊アルヲ報ズ。是ニ於テ益々進ム。賊ノ斥候ニ遇フ。狙撃中ラズ。三ツ森川ニ至ル。賊兵凡ソ三四百来リ迫ル。我兵地利甚ダ悪シ。予ハ隊ヲ樹陰堤間ニ伏シ賊ノ右翼ニ当ル。賊弾雨注シ防禦甚ダ苦ム。此時雨来リ衣袖為ニ濡フ

と、苦戦したさまを記録している。

午後になって再び敵が両面から襲来した。一手は山間を繞り河上を渡り、わが軍の北側を襲い、かつわが軍の後方を絶とうとする。もう一手は前面から迫り、わが軍を牽制して自由な進退を妨げようとする。敵軍は地利を熟知しているから出没はなはだ容易であった。わが軍は腹背に敵を受けながらも縦横に奮戦した。しかし衆寡敵せず、全軍出土村（出戸村）に引揚げた。

なお、武雄隊の記録、立野元定『戊辰羽州役記』は戦闘の状況を次のように述べる。

平沢に入り寺刹や空家に駐屯した。武雄隊は山手に配し、佐賀遊撃隊・五番隊・武雄の二小隊を以て浜手に備えた。平吉隊が巡邏中に敵を発見、双方激戦。何度も葡萄弾を放ち敵を無数に斃した。敵は遂に敗走した。しかし昼過ぎ敵が再び襲来した。武雄後藤隊・佐賀遊撃隊・五番隊がこれに当たった。敵兵は次第に増え凡そ一四〇〇、激戦が続いた。浜手の味方苦戦を聞き山手の武雄隊からもボー

アームストロング砲（模型）（佐賀城本丸歴史館展示）＝著者撮影

ム砲一門を引いて応援に回った。敵は味方の側面を撃とうとした。そこで武雄隊のアルム砲一門を備え、深堀六番隊も一緒に戦った。死力を尽くして戦ったが、敵もまた奮戦し兵数は味方の四倍も多かった。ついに浜手からは引かざるを得なかった。輜重も出戸まで後退させた。浜手の退却を見て山手の味方も引いた。このとき武雄平吉隊と深堀六番隊が敵の追尾を防いだ。平吉隊・六番隊は味方が引いたのを確認のうえ出戸村に来て、甘萩（海士剥）に引揚げ篝火を焚いて本荘に繰込んだ。

　この日（八月五日）、武雄隊の樋口泉兵衛が戦死、玉薬箱三荷が運搬の夫卒ごと敵に奪われた（『茂昌公羽州御陣中記』）。

　『慶応記』は「武雄兵は初陣なので戦場に不慣れであった。輜重等も多過ぎて戦地を退却するにも人馬が少なかった。これでは輜重も敵に奪われてしまう」と手厳しい感想を綴っている。たしかに武雄の立野元定『戊辰羽州役記』にも「大砲二門（アルム・ボーム各一門）ヲ携へ村端ニ出ヅレバ道路狭クシテ且ツ悪ク進ムニ難シ」とか「夫卒疲労シテ輜重ヲ輸送スルコト能ハズ」の記述がある。故国から遠い戦場では夫卒の徴発もままならなかったに違いない。しかし武雄隊が装備したアームストロング砲やフランスボーム砲など最新鋭の大砲が威力を発揮したことは疑うことなき事実である。十作の感想は酷に過ぎるのではなかろうか。

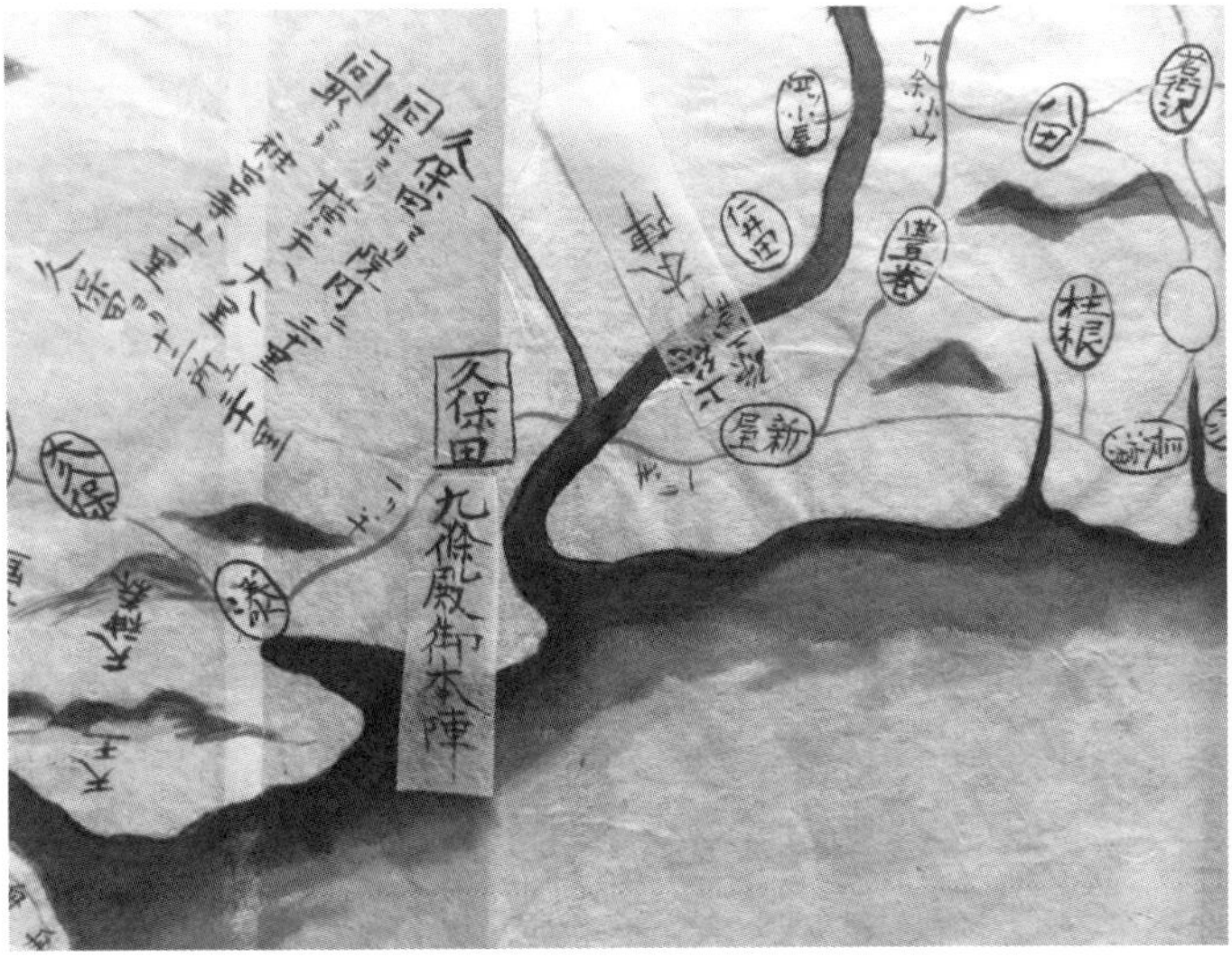


新屋の佐賀軍上総孫六郎本陣 「佐賀藩戊辰の役秋田藩領絵地図
（小城鍋島文庫12-11）」部分　佐賀大学附属図書館蔵

## 本荘を放棄

庄内軍は平沢と琴ケ浦に放火、新政府軍は本荘に退却した。この夜また吉沢（本荘藩領、矢島との境）の敗報が届いた。当時、本荘藩の国情は紛紜とし、かつ亀田藩が寝返る形跡はいよいよ著しかった。わが軍は寡兵である。留って戦えば大敗する恐れがあった。八月六日未明、決然として本荘を離れ後退することとした。

本荘城下のはずれに船渡しの大河がある。土地の人々は山野に避難して近くに人馬も渡船もない。所々に繋ぎっぱなしになっている船を見つけて我々自ら棹を操って河を渡った。兵隊のなかには疲労して路傍に困倒する者さえあった。過酷な行軍であった。

深堀六番隊ほか佐賀藩兵は六日昼頃には松ケ崎に到着した。

翌七日未明、松ケ崎を出発し昼ごろ長浜村に到着。火焔が天を焦がすのを遠望した。あちらこちら大いに震撼した。庄内軍が本荘城に火をかけたのである。一説によると、本荘藩主六郷兵庫頭は「官軍がわが藩を去るのは余が不行届き故か、藩をあげての尽力が鈍い故か、官軍に嫌疑を受けてしまった。余の首を官軍に献じ余の丹心を表すべし」と慨嘆して屠腹しようとした。諫言する家臣がいて久保田に落ちのびたという。

七日夕刻、秋田新屋宿まで引揚げた。新屋《あらや》宿は久保田城よりおよそ一里の場所である。武雄兵も新屋に引揚げてきた。

武雄の牟田忠行『従軍日誌』八月七日条には、

払暁、兵ヲ新屋ニ揚グ、先鋒二大隊（武雄）・栄兵（佐賀兵）・深兵（深堀六番隊）・秋兵（秋田）共ニ至ル

と見え、六番隊が新屋に引き揚げたことが記録してある。

立野元定『戊辰羽州役記』によると、武雄の上総茂昌《しげはる》は五日朝久保田城下を出馬、武雄勢三五〇とともに道川に着陣したが、平沢の戦況を聞いて、一旦新屋に帰り要衝の地を選び術策を施したうえで鏖戦《おうせん》するに如かずと判断したという。

亀田陣屋跡には現在亀田城佐藤八十八美術館が建てられている（由利本荘市）

## 亀田藩の離反

亀田藩がやはり敵に降伏した。

亀田藩は秋田藩と本荘藩の間にある岩城氏二万石の小藩である。秋田藩などの大藩に従《つ》いていかざるを得ない。七月、秋田藩とともに奥羽列藩同盟を脱退し、これまで新政府軍の先鋒と

して庄内征討に加わったが、先に矢島が落ち今また本荘も陥落したのを見て八月八日、ついに庄内軍に降伏したのである。藩主と家族は庄内城下鶴岡に移った。藩兵は浜手と大聖寺進攻の庄内軍嚮導役をつとめ、今や敵となった秋田藩と対戦することとなった（『秋田県史』）。

弱小藩の悲劇である。

以下『慶応記』。

庄内軍は亀田を拠点にして百方官軍に迫る勢いである。そこで秋田藩荒川隊は海道の長浜口を守り、同じく渋江隊は山道の大聖寺口を守った。佐賀軍は豊巻・追分および小山を守り、地形に応じてそれぞれ守備を固めた。

秋田藩侯は新川の辺りに出陣した。新川は久保田城下と新屋宿の間にある大河である。そのほか秋田藩の強壮の僧侶たちは自ら志願して槍隊を組織するに至った。

ここに至って奥羽各藩は官軍に叛いて庄内軍に呼応し、敵の勢力は日ましに猖獗をきわめた。官軍は孤立し、勢力は日に日に屈迫する状態となった。守っても進んでも死あるのみである。衆議は進死に一決した。

『慶応記』がいうように、庄内軍は既に本荘を占領し、さらに北上して亀田城下に侵攻していた。新政府軍は海道口方面でも山道口方面でも振るわず、秋田藩の憂慮は深かったと思われる。ただ新政府軍にはこのころ九州各地からの応援部隊も到着していた。

## 島原・大村・平戸兵

八月一二日、島原・大村両藩の兵隊五〜六〇〇人が久保田に到着した。

島原藩の藩主松平忠和は将軍徳川慶喜の実弟であるが、隊長松平景済以下一五九名、夫卒九八人が新政府軍として出兵した。秋田船川港に上陸し、以後、河端・船場・落合・桧木山・桧沢・刈和野・峰吉川・湯沢・中村と転戦することになる。

大村藩はすでに東征軍先鋒として桑名から名古屋を経て東海道を進み、江戸上野戦争に参加していた。その後、会津若松攻城戦にも参戦する。さらに別の一隊が羽州方面へも出陣した。羽州戦線へは三二四名が七月二七日、大村を出発、長崎で島原兵と会同しアメリカの蒸汽船で秋田に向かい、八月一一日船川港に上陸したのである。一四日、大村兵は角館口に向った。

一五日、深堀六番隊の江口十作は隊長孫六郎に従って船を操り新川を土崎港まで下った。地利および新川の深浅広狭を検分するためである。帰営は日暮れころであった。

一六日、薩州の汽船が入港。平戸藩の兵隊も久保田に到着した。平戸藩は早くから新政府軍として京都や大和の警護に任じたが、羽州方面へも出兵した。八月九日平戸を出発した藩兵二〇〇は一七日に久保田城下に到着した。山道口の神宮寺へ進軍、南楢岡で敵軍と激戦するが、敗退している。

## 長浜の戦い

八月一八日、敵の庄内軍が暁をおかし霧に乗じて長浜（亀田藩領）を襲撃した。守備の秋田兵は潰乱しすこぶる死傷者を出した。危殆を告げる急報が踵を接してもたらされた。ここの守備を失えばたちまち久保田が危うくなる。

このとき深堀六番隊の半小隊をして武雄兵五小隊とともに急速応援に向うべしとの命令が下った。当時、深堀六番隊は死傷者と病人が続出、半小隊はわずか六人である。六番隊は武雄兵を率いて長浜

長浜古戦場跡　同所から長浜を望む（秋田市）

に急行し、山手から敵の右側を突く勢いを見せた。敵が怯んだすきに不意に敵の前面を猛撃。吶喊の声は地を震わせた。これを見て秋田兵もまた大いに勇んで反撃を加えた。敵軍はついに敗走し、わが軍は鼓譟して長駆、大勝利である。まさに一快戦であった。このとき敵は一五〇〇、官軍はわずかに三〇〇余であった。この夜の合辞《あいことば》は「違フテ幸ヒ」であった。夜に入ったので兵を収め長浜村に宿陣した。哨兵線を張り秋田兵が哨戒した。この夜、平戸兵三小隊が来会した。長浜守備の兵隊である。

『慶応記』が「大勝利」「一快戦」というように、これまで連戦連勝の庄内軍が初めて喫した敗戦であった。

一九日、深堀六番隊は武雄兵とともに新屋に凱旋した。同日、平戸兵五小隊が長浜に向かった。

武雄隊の記録、立野元定『戊辰羽州役記』はこの長浜の戦いをつぎのように詳述する。

（八月）十八日昧爽、道川にいた庄内軍が長浜を襲撃した。秋田兵は不意を打たれ大いに苦しみ、新屋の鍋島上総本営に救援を求めた。すぐさま武雄兵三小隊と深堀六番隊を派遣した。急行、長浜に到着すると銃声大いに響き弾丸が飛散した。しかしどこから発砲しているかわからない。味方は急いで長浜の左手の小山に上って偵察した。四丁ほど先におよそ二〇〇人ばかりの兵が激しく発砲しているが、敵か味方の秋田兵かわからない。斥候に探らせると味方だという。そのまま進んで秋田兵の陣地に合流すると、敵は遠いところで五～六〇間、近いところでは三〇間に迫っていた。そこで深堀六番隊と武雄の鷹田邦衛隊、松尾蔵人隊は正面から敵に向かい、千綿又三郎隊は敵の右翼を撃って、敵味方双方激戦となった。このとき長浜の戦いは殊に激しく大小の砲声は轟々として雷が激しく鳴るようであった。

さらに別の武雄兵も応援に駆け付け発砲、敵（庄内軍）はひるんだので秋田兵も大いに発奮、吶喊《とっかん》して進撃した。敵はついに敗走。味方は全軍鼓噪吶喊、羽根川村まで追尾した。敵の潜伏を防ぐため民家に放火した。時すでに薄暮におよび長浜に帰陣した。翌朝、平戸兵が来て長浜を守備したので、武雄兵は新屋に戻った。後日、本荘藩士の話では、庄内軍の死傷者はおびただしく小舟七艘に乗せるほどだったという。彼らはさきに庄内軍に降伏し長浜の戦いでは兵糧運輸に使役させられていた者たちである。

## 閑叟公からの手頭

八月二一日、前日土崎湊に到着した鍋島縫殿助《ぬいのすけ》が、茂昌に佐賀藩御年寄衆からの書状をもたらした（『茂昌公羽州御陣中記』）。

縫殿助（姉川鍋島清馨）も佐賀藩家老家で大組頭。この日、兵隊とともに新屋に繰り込んだ。

前藩主閑叟公からの手頭（指示書）と軍陣掟であった。

一　今度羽州御鎮撫の為出兵の儀朝命相成り今又差出し候人数且つ北陸出張の其方、東山道罷り在

り候鍋嶋孫六郎其外諸隊をも壱纏め仰付けられ候旨、御内旨これあり候に付、其方儀、都合頭人
申付け候事
一　諸注進の儀、其方より万端申付くべき儀に候、朝廷御役々偖又《さてまた》諸手問合せの儀、孫六郎其外へ
相附し候役々へも詮議せしめ宜しく相調え其上にて時々注進仕るべき事
一　此節定人数の外羽州表いよいよ相越さざる様申付け候条、其意を得、彼地にても稠敷《きびしく》相改め若
し参懸り候者これあるに於ては早速差戻し其段此方へ申越さるべき事
一　此度仕組の如く羽州表へ差越し候人数、偖又此方より差廻し候船手一通りの儀も支配申付け候、
攻口等の儀は御下知これあるべく候条、万端然るべく差引
き仕るべく候事
右の趣、其意を得、此外唯今よりは毎事計り難き儀候条、時
に至り了簡を以て迦《はず》れ無き様申付けらるべきもの也
慶応四年辰八月　閑叟（印）
鍋島上総殿
（『武雄市史』中巻）

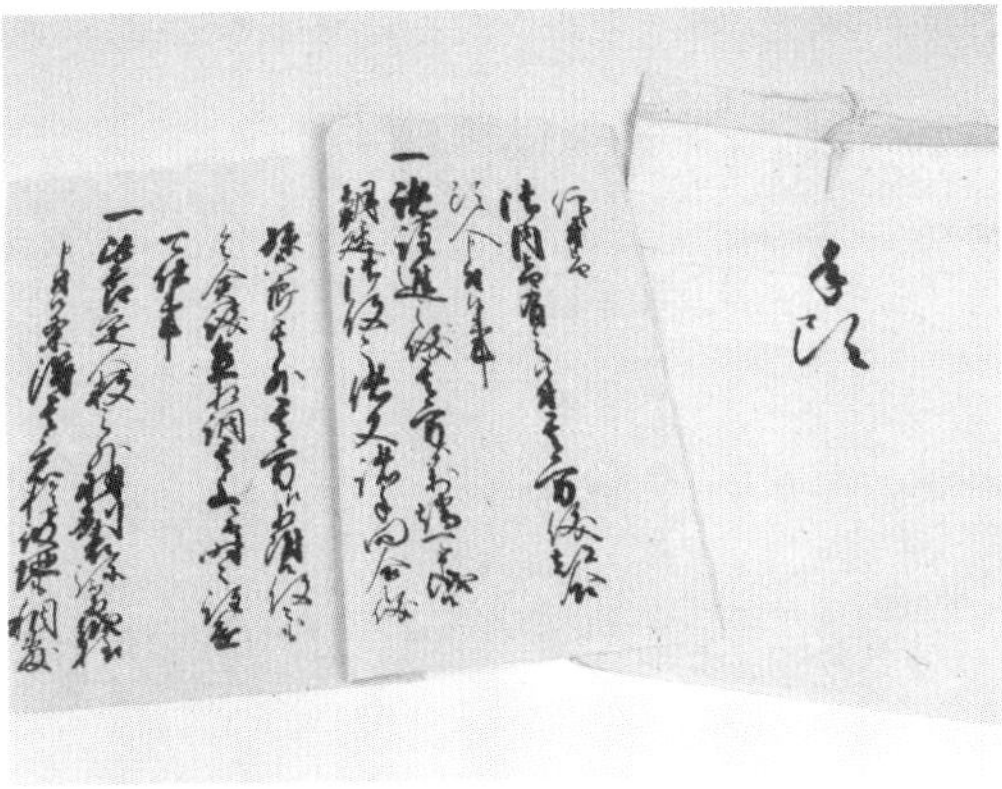
鍋島閑叟手頭（武雄鍋島家史料 武雄市蔵 武雄市図書館歴史資料館展示図録より転載）

つまり佐賀藩では武雄邑主鍋島上総茂昌をして出羽派遣の佐賀兵全体の総指揮官に任命したのである。これにより山道口・海道口に分かれた孫六郎一手をはじめ海軍（船手）を含む佐賀勢全軍が上総の隷下に属することとなった。

『慶応記』には次のような記事もある。

二一日（八月）、朝廷から陣中御慰問として金五両三分二朱を賜わった。また佐賀藩公からも戎服（軍服）一着を賜わった。このあたりの牧童はよく尺八を吹いた。その音調は極めて美妙であった。ときどき我々は彼らを陣中に来させて尺八を聞いた。戦闘のさなか、いい慰めとなった。

二二日、平戸兵が長浜を引揚げた。神宮寺筋に出張し、佐賀兵角館分隊の兵と更代するよう命令されたからである。

長浜は武雄兵が守衛した（『茂昌公羽州御陣中記』）。

同日、角館にあった佐賀藩分隊は新屋に合流せよとの命を受け、二三日・二四日、角館の分隊は悉く新屋に合流した。

二三日、秋田藩の家来から茂昌の許へ院内口が危急につき応援の要請があったが、茂昌は新屋口も危急であるとして、これを断った（『茂昌公羽州御陣中記』）。

武雄の鶴田収『庄内戦況記録』八月二三日条には、

賊（庄内軍）猶《なお》小砂川辺ニ在ルヲ以テ午時我兵（武雄）一隊・佐賀隊・深堀隊（六番隊）、関村ニ進ム、此夜、賊大砂川・小砂川ヲ放火シ退テ大師堂ト観音森ニ拒《ふせ》ク

とある。

この日、小城兵一〇小隊が秋田に到着した。

大組頭田尻宮内を隊長とする小城藩兵七〇〇余は八月八日小城を出発、二二日秋田領舟川に入港、二四日久保田に到着、十二所口戦線に投入されたのである。

小城兵と角館から戻った佐賀藩分隊は、敵対する盛岡藩と交戦中の十二所（現秋田県大館市）口戦線応援に向かった。

二五日、敵の庄内軍が大聖寺口から襲撃し、秋田藩渋江隊は大敗した。そこで長浜を守備していた同藩荒川隊は大聖寺に向かった。総督府は深堀六番隊の半小隊をして武雄兵七小隊とともに長浜を守らせた。翌日武雄兵を残して新屋に帰った。

## 君川（君ケ野）・松ケ崎の戦い

『慶応記』には八月二七日と二八日の記事はない。

武雄隊の記録、立野元定『戊辰羽州役記』によれば、武雄軍は二六日夜半から道川の敵陣に放火した。敵は松ケ崎に後退し君川の敵とともに味方を窺った。そこで佐賀勢は君川・松ケ崎を一時に襲撃する作戦とし、二八日にその部署を決めた。

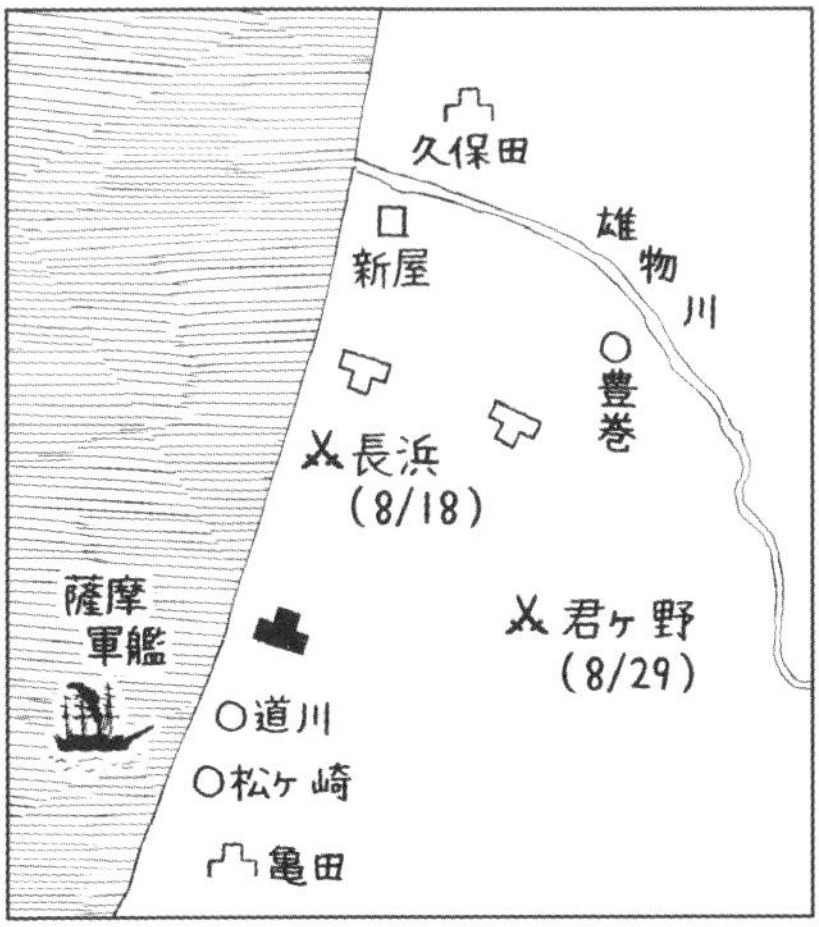

長浜の戦い 8/18　君ケ野の戦い 8/29

なお『戊辰羽州役記』『従役日誌』『慶応記』とも君川というが、道川村の東・亀田藩領の君ケ野村を指すと思われる。『復古記』所引「鍋島直大家記」には「君ケ野賊塁」とある。

以下『慶応記』の記事。

八月二九日暁天、官軍（新政府軍）は二方面から進軍し敵陣（庄内軍）に迫ろうとした。武雄兵と佐賀兵が敵の宿営地黒瀬村を襲撃して焼き討ちにした。敵は退いて君川の嶮に拠り防禦した。官軍はさらに勇進し君川の砦を奪取、火を放った。敵の別軍が間道を廻り官軍の背後を断とうとした。太陽はすでに西に傾き雨が頻りに降ってきた。道路は険悪で日没になれば進退は困難である。孤軍大いに困しみ夜に入ってようやく豊巻の宿営にたどりついた。この日、佐賀遊撃隊の石井辰吉郎と北原養一郎が戦死。佐賀五番隊の三人負傷。武雄兵にも負傷者両三人が出た。

一方、長浜から松ケ崎に向かった秋田兵は道川のあたりで敵に抗拒され、薩州の軍艦が海上から発砲応援したが効果は薄かった。日暮れに及んで長浜の宿営に退却してきた。この夜の合辞《あいことば》は「藤ニ餅」であった。この日、秋田藩侯から酒肴が贈られた。

晦日（八月）、この夜の合辞は「酔ウテ寝ル」である。

椿台城跡（秋田市）

九月三日暁、久保田城下に大火があった。折節の強風で城下の大半は焼失した。遠近おおいに驚駭した（『慶応記』）。

『茂昌公羽州御陣中記』九月四日条には、つぎのようにみえる。

今暁七時ごろ久保田城下の方向に火の手が見えると斥候から報知があった。もっとよく調べるよう命じた。久保田城下米町という所から出火、城下はすでに半ば類焼している。しかし茂昌が本陣とした浄願寺は無事の由報せてきた。昼過ぎ鎮火した。

【史料原文】

今暁七時頃久保田城下に相当り火の手相見候段斥候ゟ致報知候ニ付、尚又調子見候様申達候処、久保田城下米町と申処ゟ火相起、城下已に半ばも致焼候、しかし御本陣相成居候浄願寺ハ無事之由致報知候事、附り昼後鎮火

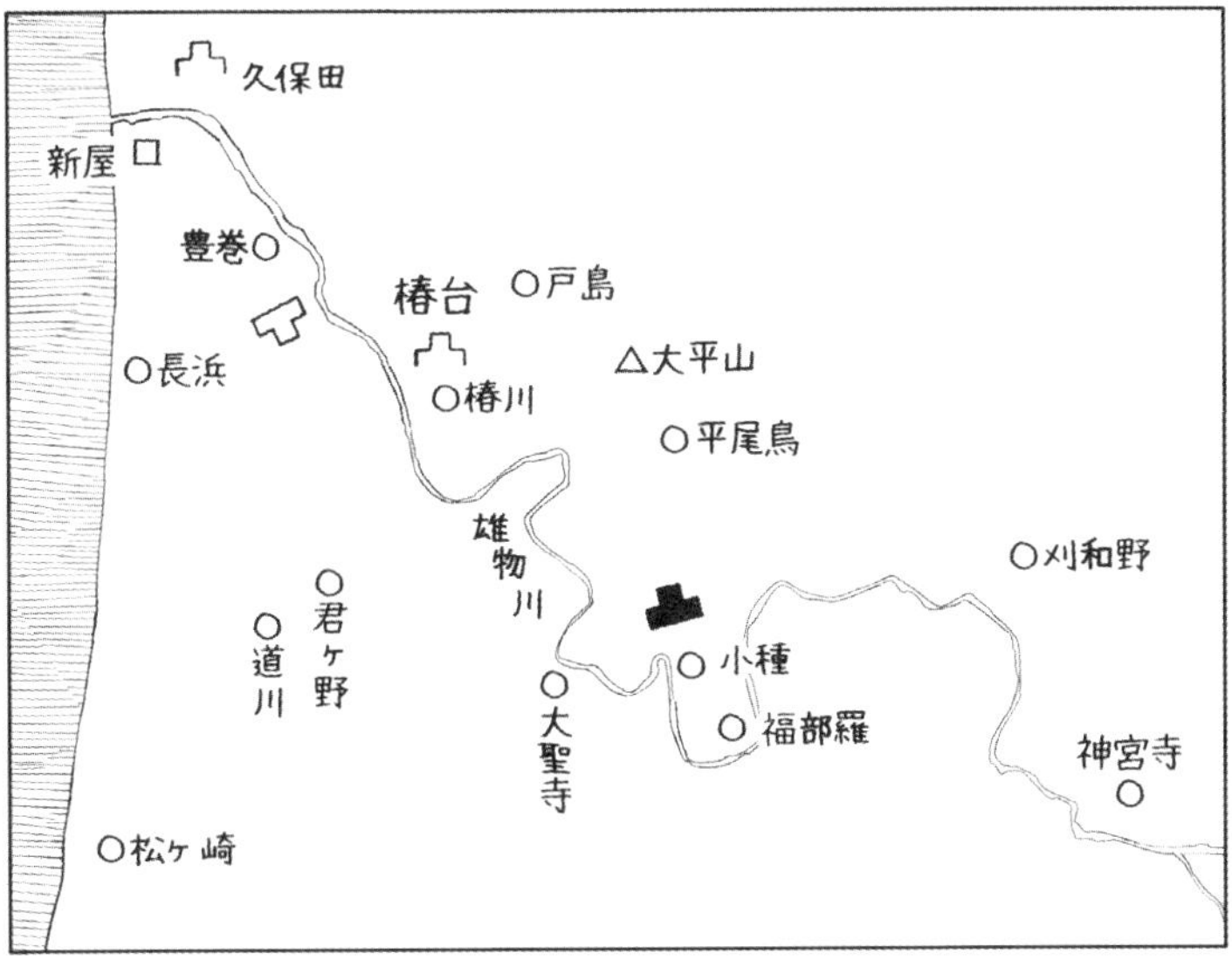

椿台の戦い　9/9 〜 9/11

ただし、この秋田城下火災については『秋田県史』などにはみえない。

五日、九条総督自ら巡視して諸陣営を慰労した。兵たちの軍情を鎮めるためである。

六日、総督府から酒を賜わった。

## 椿台の戦い

九月九日、敵（庄内軍）が大挙して両方面から襲来した。一軍は仁宮寺（神宮寺）に向い一軍は久保田に向って来て、まるで潮が湧くような勢いである。

前日、庄内軍は雄物川を渡河し右岸の小種・福部羅に進出し、秋田城下に向かって進んだのである。椿川新城（椿台）を抜き一挙に久保田城下に攻め入る作戦であった（『復古記』所収「酒井忠宝家記」）。椿台はこの年慶応四年三月、佐竹分家の義諶《よしつま》が城郭を築いた所である。

一〇日、敵は豊島（戸島）に迫り秋田兵は潰走した。

一一日、佐賀兵と武雄兵はともに豊巻を出発し、応援に向った。椿台から進み三道に分かれて進撃、かつ敵の粮道を絶った。敵は窮迫し、ほとんど鏖殺するかにみえた。敵は死傷者を運ぶのに遑《いとま》なく民家に放火して遺骸を投じ、日暮れに及んで乱走した。この日の敵軍の死傷者は七〇〇人にも及ぶという。官軍はさらに進んで平尾鳥に至った。

椿台は秋田藩渋江隊が防御していた。秋田兵は右手から、戸島守衛の日向佐土原兵は左手から、終日応戦し、日暮れになって敵は退いた。応援の武雄兵は椿台裏手を守備した。翌一一日、敵が再び椿台を襲った。応援を増強しアルム砲で砲撃した（『戊辰羽州役記』）。

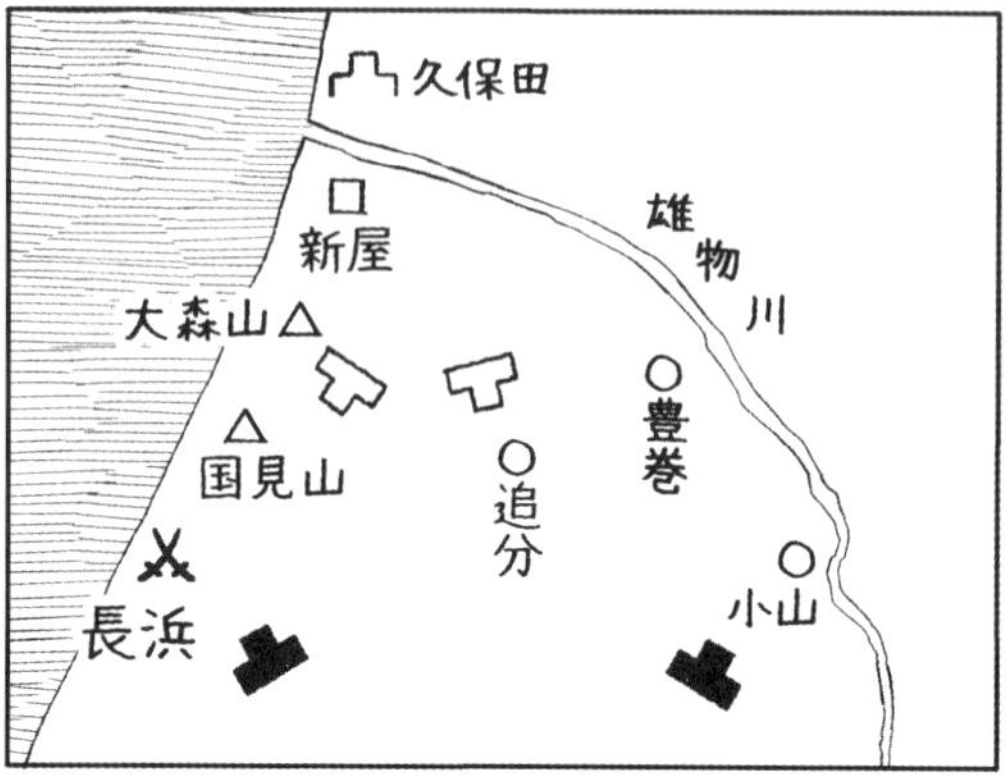

長浜の戦い　9/12

## 再び長浜の戦い

九月一二日、敵（庄内軍）の別隊が再び長浜を襲撃した。秋田兵および武雄兵が防戦したが利あらずして退却した。敵はさらに進んで長浜を焼き侵入はなはだ鋭かった。敵の弾丸がいまにも久保田城下に到達するようであった。久保田城下は大いに震撼した。たとえ官軍（新政府軍）がことごとく並死しても敵を久保田に入れてはならない。敵は一挙に久保田を蹂躙し進んで津軽に及ぶであろう。敵は猛烈な勢いである。

佐賀兵は再び命を奉じ長浜に向い間道を廻って不意に敵の側面を撃破した。敵は乱走し官軍は長浜を回復した。

『復古記』所引「鍋島直大家記」には、我が藩の兵隊はすぐ

大森山の治山記念碑には「戊辰役官軍陣営の跡」と刻してある（秋田市）

長浜古戦場碑（秋田市）

に山上に陣地を構え厳しく戦った。なかでも臼砲およびアームストロング砲でしきりに砲撃した。数百人の敵を数発で打ち当てた。この勢いに敵はくじけて敗走した、とある。

【史料原文】

弊藩兵隊即左之山上ニ備ヲ立、厳敷戦闘、就中、臼砲及ビアルム銃等ヲ以テ頻ニ打立、（中略）数百之賊中ニ数発打当、致破裂候ニ付、此ノ勢ニ賊一時ニ相挫、皆以テ潰走

佐賀軍の最新兵器アームストロング砲や臼砲が威力を発したのである。

敵の別軍が豊巻の守備が薄いとみて小山村に放火して官軍の本営を突き直ちに久保田に入ろうとした。官軍は砲塁・砦・柵に拠って防禦した。敵は勝機がないとみて追分および国見岳に転じた。追尾して撃破した。

この日、主公（隊長孫六郎）は小森山（ママ）（大森山カ）に登り戦況を視察し夕刻凱陣した（『慶応記』）。

武雄の立野元定『戊辰羽州役記』に、「茂昌公ニハ長浜口ノ砲声ヲ聞カル、ヤ大森山（長浜ヨリ一里有無《あるなし》）ニ上リ、長浜並ニ追分ヲ眼下ニ臨ミ御陣ヲ張リ、指令ヲ両方長浜追分ニ降サル」とある。また「御使木下儀一郎公章、深堀士樋口作右衛門走リ

来リ曰ク」とも見える。

茂昌は長浜口の砲声を聞き、長浜と追分を眼下に臨む大森山に上って陣を張り、指令を長浜追分の両方に下した。孫六郎もまた茂昌の傍らにあって佐賀兵の木下儀一郎や深堀の樋口作右衛門を伝令として派遣したのである。

一三日（九月）、因州鳥取藩の兵隊が長浜に出動した。

一四日、前山参謀が醍醐少将を奉じて津軽に行った。

一七日、深堀六番隊は佐賀藩遊撃隊に代って豊巻を守備した。

## 庄内軍の撤退

九月一九日、敵（庄内軍）が亀田から遁走しているという報せがあった。

『茂昌公羽州御陣中記』九月一九日条には、つぎのようにみえる。

岩谷諒一が長浜から早馬で到着し「亀田藩領君川に頓集していた敵の兵隊が昨晩から残らず引き払った」と報告した。諸方面に探索を入れて調査したところ、どこも引き払いに間違いないとの報告があった。


【史料原文】

岩谷諒一義、長浜ゟ早馬ニ而被差越、亀田喜美川屯集之賊兵不残昨暁比ゟ引払候段致報知候ニ付、諸口探索を入相調子候処、賊兵引払い候ニ間違無之よし諸口より相達候事

このころ庄内軍は自領に引き上げ始めたのである。新政府軍はこれを追い庄内に向けて進軍した。

二〇日未明、官軍は豊巻口と長浜口の両面から亀田に進軍し、城に火をかけた（『慶応記』）。

武雄の平吉誠舒『従役日誌』には、
十九日晴、番兵が当直した。午後に永浜（長浜）の陣営を訪れたところ諜報があったという。すなわち昨夜、敵（庄内軍）が亀田から退却した。米沢が新政府軍に帰順して庄内を攻撃するからとも、また仙台が帰順したからともいう、と述べる。

【史料原文】
十九日晴、番兵当直。午後永浜ノ営ヲ訪フ、諜報ヲ得タリ云フ、賊昨夜亀田ヲ退ク、或云米沢帰順シテ庄内ヲ攻ル故ナリ、又云仙台帰順スルヲ以テナリ

また二〇日条には「未牌（未ノ刻）、亀田に進出した。これより先、長浜の兵が来て、すでに亀田城は焼失したと言っている」とある。

二二日、敵を追尾して本荘に至った。

二三日、官軍は二手に分かれ一軍は矢島に向い一軍は汐越に向った。深堀六番隊は琴ケ浦で午飯、汐越まで進攻した。

二四日、各藩会議。このとき官軍は大いに奮発した。六番隊は直ちに中ノ沢を守備した。敵は官軍の拠点を作らせないようにするため近郷の民家を焼き払った。

武雄の立野元定『戊辰羽州役記』には、

翌二二日辰刻、本荘を出発した。鶴田邦衛督四小隊は佐賀本藩軍事局の原田敬太郎らとともに矢島に向かった。五番隊・遊撃隊・縫殿助組内の五小隊・深堀六番隊および我が武雄兵は塩越に向かい中《さる》刻に着陣した。このとき敵（庄内軍）はなお小砂川辺りにいたので、翌二三日、相談して、遊撃隊・六番隊・武雄兵四小隊が午《うま》刻から関村（塩越から二〇余丁のところ）に進み、砦を設けて進撃し

た、とある。

【史料原文】

翌廿二日辰刻本荘ヲ発シ、鶴田邦衛督四小隊、本藩軍事局原田敬太郎等ト共ニ矢島ニ向フ。五番隊・遊撃隊・縫殿助組内五小隊・深堀六番隊及ビ我兵ハ塩越ニ向ヒ申中刻着陣ス。此時賊猶ホ小砂川辺ニ在ルヲ以テ翌廿三日相議シテ遊撃隊・六番隊・我兵四小隊午刻ヨリ関村（塩越ヨリ二十余丁アリ）ニ進ミ砦ヲ設ケ以テ進撃ス

同じく武雄の平吉誠舒『従役日誌』には、「有司令シテ（武雄）三隊ハ関村ニ留メ、予一隊ヲ深堀ノ一隊所謂六番隊ニ配シ中ノ沢ニ向ハシム」とある。

これらによれば深堀六番隊は二二日朝本荘を出発、佐賀本藩の五番隊・遊撃隊や縫殿助組の五小隊および武雄兵四小隊とともに夕方に塩越に到着。翌日昼ころ関村に進軍して砦を設営したという。さらに中ノ沢を守備したのである。

『従役日誌』には戦場となった村々の様子も記録している。

亀田からここ塩越までいたるところ敵に放火略奪されない村はなかった。征野の策としては巧みなのかもしれない。

関村では戦火のため一軒も残っていなかった。村人はわずかに茅葺の小屋で雨露をしのいだが、それとても一～二割で多くは山中に避難して村にはいまだ帰っていない。ここは八月一日に戦火にあったのである。

【史料原文】

亀田ヨリ此ニ至ル賊焚焼略奪至ラサル所ナシ、清野ノ術ニ於テ巧ナリト云フヘシ

関村ニ至ル、兵火ノ余一宇ヲ存セス、土人茅ヲ束ネ纔ニ風雨ヲ避ク、然レトモ僅ニ十ノ一二、多ク山林ニ逃レテ未夕帰ラス、此地ハ八月一日ノ兵火ヲ歴ルト云

戦場が焼かれるのは常套戦術で、それゆえ平吉も「征野（清野）ノ術」として庄内軍に理解を示しながらも村人の悲嘆を思いやる儒者らしい記述である。

### 大師堂・観音森の戦い

このとき海道口の新政府軍は佐賀兵（武雄兵を含む）のほか秋田・本荘・鳥取・福岡の各藩兵である。進撃部署をつぎのように定め九月二七日を以て攻撃を開始すると決定した（『復古記』）。

（1）佐賀藩四小隊、秋田藩渋江隊、鳥取藩一小隊、大砲二門、臼砲一門、福岡藩二小隊、以上は暁八時観音森へ進撃。

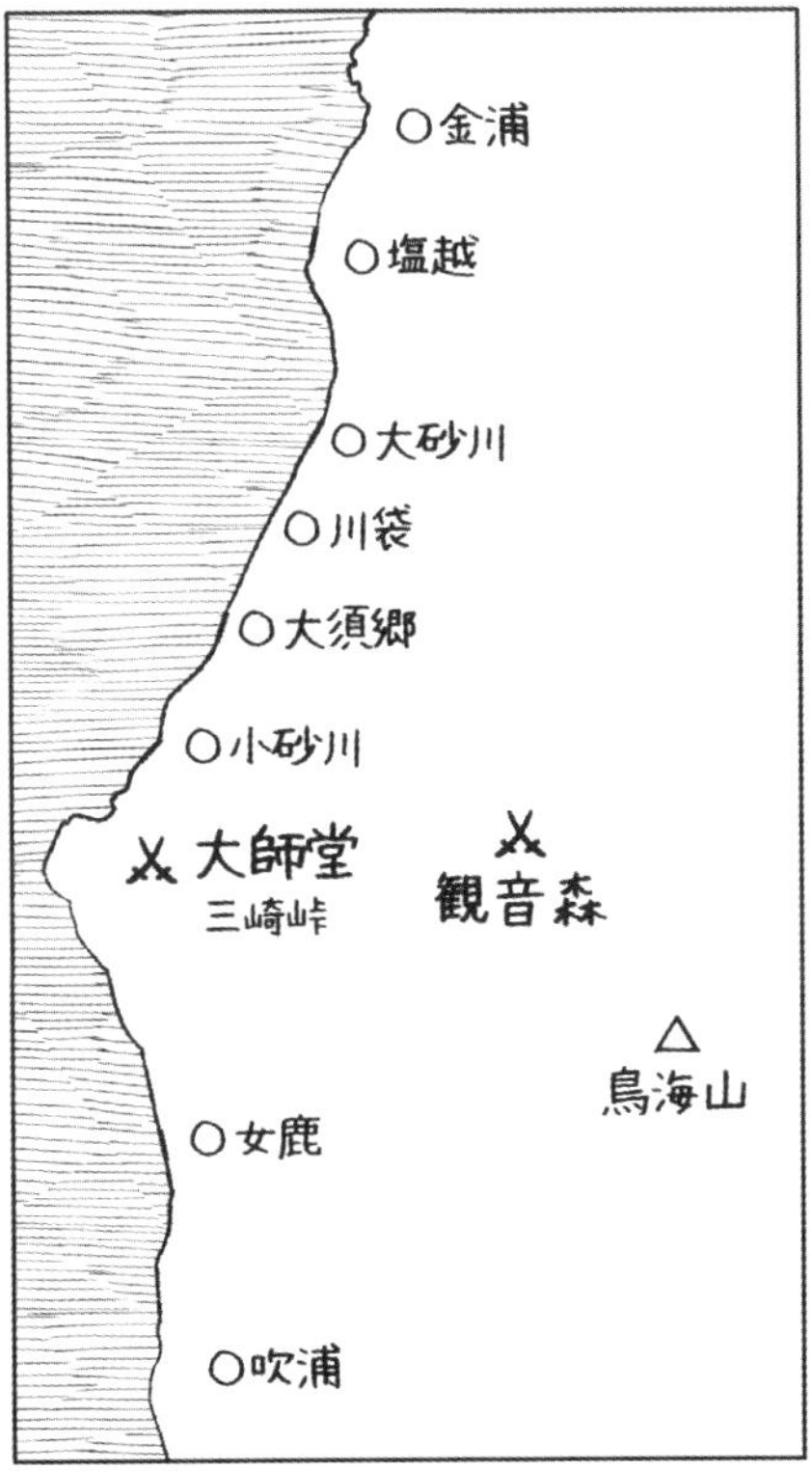

大師堂・観音森の戦い　9/27 ～ 9/28

（2）佐賀藩三小隊、大砲四門、秋田藩荒川隊、大砲二門、鳥取藩二小隊、以上は暁七時小砂川から大師堂に進撃。

（3）佐賀藩三小隊、秋田藩荒川隊一中隊、福岡藩一小隊、以上は暁七時小砂川から間道を通って女鹿村に進撃。なお二六日夕八時より観音森口大砂郷と

三崎口小砂川へ繰り込み、各々一夜宿陣、二七日暁の刻限に各々進撃。

（4）佐賀藩六小隊、秋田藩岡谷隊、同渋江隊、福岡藩二小隊、本荘藩一小隊、以上は遊軍として暁七時川袋村・大砂郷村に繰り込む。

二七日、官軍（新政府軍）は再び二手に分かれ、一軍は岬嶺（三崎峠）の大師堂に向い一軍は観音森に向った。未明、深堀六番隊は塩越を進発、大砂郷（大須郷）村を経て福岡兵および鳥取兵とともに観音森に至った。

敵味方両軍屹然として相対峙した。観音森は登り三里の難所で岬嶺とちょうど左右翼のような地勢である。一方が破れれば他の一方は用を成さないのみならず全局の敗戦を喫する。敵が関門として死守するのも当然の場所である。

この日は小競り合いのみで勝敗は決しなかった。夜に入り各隊とも兵を収め、明朝は一同直進して必ず敵を屠ろうと各藩の軍勢が誓約し、それぞれ戦略方向を定めて威気凛乎として支度を調えた。実に雄々しい限りである。翌朝鶏鳴のころ、にわかに暴風雨となり諸軍大いに苦しみながら終夜露営した。敵陣では火の手が挙がるのが見えた。夜が明けても風雨はますます甚だしく人馬ともに風に吹き倒されるありさまであった。実に前代未聞の暴風である。

『慶応記』はここでこの日の記録を終わる。以下武雄の立野元定『戊辰羽州役記』による。

観音森に進撃したのは、佐賀藩士福島礼助・福地彦太郎・須古清之助・多久万太郎・納富仁助、遊撃隊、五番隊、深堀六番隊、武雄七小隊、大銃一門、佐賀藩士諸岡団九郎、大銃一門、筑前・因幡・秋田の藩兵合わせて凡そ四〇〇である。

観音森は鳥海山の半腰で道路は羊腸のごとく、頂上には敵兵が林のように備えている。アルム砲一門で頂上に備え、筑前・秋田・本荘兵および佐賀兵とともに胸壁を築いて対峙した。敵が発砲し応戦。しかし勝敗の機はない。アルム砲は敵陣をくじいたが日暮れになっても敵は退かない。夜を徹して砲発相睨んだ。二八日暁、敵味方発砲。武雄兵・筑州兵・因州兵が進撃しようとしたが烈風暴雨で進むことができない。このまま徒らに滞陣しては兵卒を烈寒に疲労させるだけである。佐賀本藩の福島礼助と協議のうえ、アルム砲と武雄兵二小隊を番屯させ、それ以外は大砂川に帰営した。

このころ陰暦九月の終り、しかもこの年は閏四月があったから現在の暦では一一月半ば、東北はすでに厳冬の季節である。雪交じりの風雨のなか暖国九州の兵は寒さとも戦かわなければならなかった。

激戦地三崎峠は現在では公園になっている（山形県遊佐町・秋田県にかほ市）

一方、三崎峠方面の部隊も暴風雨に苦しみながら大師堂に到達した。しかし敵はすでに敗走した後で、わずかな兵糧と大砲三門を残すのみであった（賊皆遁走、空塁唯咬余ノ粮ト大銃三門アルノミ）。諸隊は大師堂に宿陣、翌日、女鹿村を越え吹浦に宿陣した。

ところでこの日の『戊辰羽州役記』には、「深堀領主鍋島孫六郎本藩ノ令ニテ」疲労した武雄兵二小隊に替え別の二小隊を小砂川に派遣した記事や、「大砂川ヨリハ鍋島孫六郎ノ令ニテ我（武雄）二小隊ヲ遣リ之ヲ助ケシム」との記事がみえる。孫六郎はこの日、塩越に置かれた総指揮官・鍋島上総の本陣にあって部隊の配置に与っていたのではあるまいか。

『茂昌公羽州御陣中記』九月二七日条によれば、茂昌はこの日金浦棒立山に登り、三崎峠・観音森の戦争を遠望したという。三崎のほうは砲煙が上がり戦争のように見えたが、観音森はよくわからなかった。昼後、金浦を出て塩越の大町金又左衛門宅に着陣、ただちに海辺に出て三崎峠・観音森を遠望したが、勝敗は分からなかった、とある。

二七日の三崎峠戦では佐賀兵の石井又左衛門が、二八日の観音森戦では武雄の足軽大渡岩太郎が戦死した。

庄内藩主酒井忠篤は城外の禅龍寺に謹慎した（鶴岡市）

## 庄内藩降伏

これより先、九月一六日、庄内藩では鶴岡城内で軍議が開かれ、藩主酒井忠篤《ただずみ》はついに降伏恭順を決した。庄内軍前線には鶴岡から謝罪降伏が伝えられたが、前線各方面への周知は徹底されず戦闘は続いていた。庄内藩の記録には、

鶴岡より兵を納めて帰国せよとの命令が届いた。しかし戦いたけなわの最中速やかに兵を納めることは不可能である。池田吉兵衛が弾丸のなか降伏書を捧じて女鹿に行った（『復古記』所引「酒井忠宝家記」）

と、ある。

九月二七日、鶴岡城開城、藩主は城外禅龍寺に移った。

庄内降伏の風聞は二八日新政府軍にも届いていた。

『慶応記』には二八日条に「時ニ賊、書ヲ奉ジテ謝罪ノ意ヲ表ス。官軍之ヲ許ス。依テ諸軍大砂郷（大須郷）村ニ退ク」と

ある。

立野元定『戊辰羽州役記』同日条にも「申刻ニ及ンデ庄内藩主酒井左衛門尉忠篤謝罪シテ賊徒退キタリト風聞ス」また「既ニシテ賊徒降伏謝罪、諸方ノ番兵皆退散スト風聞アルヲ以テ」などの記事がある。

各地の戦闘では有利に立っていた庄内藩が降伏したのはなぜか。

『山形県史』は次のようにいう。

戊辰東北戦争は政府軍と同盟軍の覇権をかけた戦争であり、民衆に多くの犠牲と負担を強いた戦争であった。一方、越後や福島・会津地方の民衆は戦乱の中で世直し一揆を展開し、戦争を終結に向かわせた。同盟軍で最強を誇って戦争を続けてきた荘内軍も、同盟軍が完敗し、政府軍の攻撃が荘内藩に集中してきたこと、戦争の長期化によって財政支出の激増、町人・農民の負担が激増したこと、さらに、占領地新庄藩領の農民の間に無年貢を要求する不穏な動きが出てきたことなどから、秋の農繁期にこれ以上戦争を続けることは不可能であり、謝罪降伏をとらねばならなかったのである（第四巻二七頁）。

こうして新政府軍は庄内領に向かって進軍を開始した。十作らも十月二日、庄内藩領酒田に入って在営した。

二九日、進軍。岬嶺（三崎峠）の険を越え吹浦で午飯を摂り丸子村に宿陣した。

一〇月朔日、観音寺宿で午飯、砂越村に宿陣。

二日、酒田に入った。酒田は越後新潟と比肩する北海屈指の良港である。最上川の海口に位置し、すこぶる繁栄している。この夜の合辞《あいことば》「越シテ溜息」。

合言葉にも戦闘が終わった安堵感とある種の悲哀が込められているようである。

# 第四章　女鹿村の激戦

鳥海山

## 小砂川の戦い

ここで話柄を七月に戻し、深堀六番隊最大の戦闘となった七月一六日の女鹿《めが》村激戦について語っておきたい。話の順序として、繰り返しになるが、少し振り返っておく。

慶応四（一八六八）年七月六日、庄内藩を討つため、新政府軍の海道口を担当する秋田兵と筑前兵が久保田を出発、同じく孫六郎が率いる佐賀勢も七月八日進発した。これに本荘藩兵・亀田藩兵も加わったが、筑前兵は本荘から矢島口に廻り矢島藩兵とともに庄内軍に当たることになった。矢島藩は生駒家一万石。海道口と山道口（院内口）の中間地点にあたる。現在の秋田県由利本荘市のうち。

海道口方面の庄内軍は、主将酒井兵部以下兵力一〇〇〇を超える三番大隊で、本営を吹浦におき、鳥海山中腹の観音森と藩境三崎峠に防衛ラインを敷いていた。銃も新式のミニエー銃やエンフィールド銃を装備していた。藩内酒田の豪商・本間家の資金援助があったという。一方、味方の東北諸藩は旧式のドントル銃が多く、新政府軍は苦戦することが多かった。

七月一二日、本荘藩領塩越に会同した新政府軍は軍議を開き、諸隊の部署を次のとおりとし、翌一三日早朝討ち入る手はずを整えた（『復古記』）。

小砂川口　先鋒　亀田藩勢（岩城家）、応援　本荘藩勢（六郷家）、遊軍　佐賀勢
小滝口　先鋒応援　秋田藩渋江内膳一手
大須郷口　先鋒　秋田藩荒川久太郎一手、応援　秋田藩佐藤日向一手

敵の庄内軍が陣地を構える三崎峠を亀田・本荘・佐賀兵が、秋田兵が二方面から観音森を攻撃する作戦である。

小砂川《こさがわ》から庄内藩領女鹿に通じる三崎峠の山道は箱根の山より険しいと言われ、日本海側の街道随

一の難所として知られていた。戦争が終わった一〇月に、ここを通った武雄の平吉政舒は「満山皆石棊布星羅藤羅是ヲ纏フテ爪ヲ入ルヘキ所ナシ、右方ハ波濤岸ヲ噛ミ、魂悸シ足粟ス、路亦細小、歩ヲ並フヘカラズ、行ク事若干ニシテ上ル」と表現している。道は狭くふたり並んでは歩けない。曲がりくねった岩石だらけのところを上り下りする。しかも右側は日本海の荒波がせまり、足がすくみ動悸で肌に粟を生じるよう。頂上の少しくぼんだところ、鬱蒼とした老樹のなかに弘法《（ママ）》大師を祀る大師堂がある。ここから駒泣かせという険阻な場所を下った谷が地獄谷である。谷を上ってふたたび下るところを沓掛という。石で滑りやすい。三崎峠を下りきると女鹿に出る（平吉政舒『従役日誌』）。

　七月一三日、深堀六番隊にとって初めての戦闘があった。

峰弥次右衛門『東征日記』は次のようにいう。

　軍議により朝懸けの進撃と決め、諸藩それぞれ繰り出した。

モルチル砲＝フランスボーム砲（佐賀城本丸歴史館展示）＝著者撮影

佐賀勢は暁八ツ半時（午前三時）ころ塩越村を進発、平明のころ二里半ほど先の革袋（川袋）村に到着。先陣は亀田藩岩城勢、本荘藩六郷勢である。佐賀勢（遊撃隊・五番隊・大砲隊・六番隊半隊）が中軍で進撃。本営を大須郷村に置き、六番隊半隊が守衛した。小荷駄方・武具方・御旗も本陣に詰めた。弥次右衛門は軍事局役人とともに敵地に向かった。

　六ツ半（午前七時）時分、敵地小砂川村へ川を隔てて大砲（仏朗《フランス》コム筒）を打ちかけた。敵（庄内軍）は小銃を放ちながら逃げたので、斥候が村に入り込み、味方（新政府軍）の佐賀藩遊撃隊も進入し放火、村はずれまで追跡した。二丁ほど先の小高い松原あたりに屯集する敵兵に大砲を打ち掛け、そこを占拠した。敵は三崎嶺の大師堂に拠り防戦する様子である。これより先は斥候も行けない。大小銃を打ち掛け、敵も応戦発砲した。松原より先は道筋を重ねたような難路、防禦の楯もなく、三崎嶺から直下に見通され銃発が激しく進撃が困難であった。暮れにおよんで互いに挑戦を止め退避。番兵怠りなく夜を明かした。

向井喜助墓（秋田市　全良寺官軍墓地）

この戦いで敵は三崎嶺の切所に石を積み、あるいは薪を積み、土手を築き穴を掘り、その陰から首だけを出して発砲した。距離も計算していたと見え、エンフィールド銃の球筋は精確、霰のごとく飛来した。味方は防禦の楯もなく、一本道を敵の標的になりながらも進撃。木立の中に煙の出るところを狙って撃つしかない。昼ごろまでは敵は大砲を撃たなかったが、昼過ぎから撃ってきた。味方は三丁ほど攻め進んだが、その先は直路見通しで進撃できず、大苦戦であった。

味方の亀田勢は小砂川前で小卒一人手負い、小砂川で伍長士一人・指揮役一人・小卒四人手負い、即死一人、同じく本荘勢の小卒手負い五人、うち一人翌日死。

手詰りの戦いで銃弾が音を立てて飛来し、亀田兵・本荘兵は恐怖に堪え兼ね、味方の佐賀勢三隊がこれを督励しながら奮戦した。味方の手負いはこのときである。

佐賀藩遊撃隊の戸田基一郎が内股を打ち抜かれた。骨を砕く深手で、倒れたところを陣所に抱き退き治療したが、発熱嘔吐、翌日死亡した。

深堀六番隊が松原の先に進撃したとき、向井喜助が右脚を打ち抜かれた。陣所で手当ののち塩越村病院に搬送した。翌日《（ママ）》、死亡。

秋田市全良寺の官軍墓地にある向井喜助の墓には「官軍肥州深堀士向井喜助等秋《（ママ）》之墓」、「慶応四年戊辰七月十三日羽州飽海郡三崎峠戦之節深手負同八月十四日羽州秋田郡八橋村於大病院死行年廿七才」と刻してある。また深堀の墓碑には「於羽州秋田郡久保田城西矢橋村全良寺葬」と全良寺に葬ったことが書いてある。

全良寺（秋田市）

全良寺は臨済宗の寺院で承応三（一六五四）年開創という。官軍墓地は、同寺一一世大内海山和尚が秋田藩はじめ官軍の戊辰戦没者を弔うため、私財を擲って六六五人の墓石を建立、明治二八年完成したものである。今も近隣地域の方々が墓地の清掃などを行っているそうである。

また江口十作『慶応記』の記述は以下のとおり。

七月一三日未明、佐賀軍は本荘兵並びに亀田兵を先鋒として小砂川に接近したが、庄内軍の抵抗にあい、進むことができなかった。佐賀軍は本営を矢島領川袋村に置き、三小隊が大砂郷（大須郷）村から進んだ。大砲を放って敵の庄内軍伏兵を打ち払い小砂川宿を乗っ取り火を放った。敵は松原の柵まで後退したが佐賀軍は勇進ここを奪い取った。敵はさらに後退して岬嶺

（三崎峠）大師堂に立て籠もった。佐賀軍は味方の亀田兵および本荘兵とともにこれを激しく攻撃した。この時、佐賀藩遊撃隊の戸田基一郎が戦死、深堀六番隊の向井喜助は重傷を負い帰営後八月一四日に至って死亡した。本荘兵・亀田兵の死傷ももっとも多かった。

暮れに及んで官軍（新政府軍）一同は兵を収め哨兵を置き篝火を焚いて松原の砦を保ち、全軍小砂川宿に引き揚げた。さらに本陣を大砂郷（大須郷）村に移した。夜半、敵は大小砲を放ちあるいは鯨波を揚げて官軍の休息を妨げようとした。

この日の様子を「本荘藩記」（『復古記』）は、一三日の合辞（合言葉）は「敵カ討テ」であった。

巳刻（一〇時ころ）頃、肥州・亀田ならびに弊藩（本荘藩）の兵を合せて三崎峠へ進軍した。敵（庄内軍）は徐々に三崎峠の要地に退縮し、砲台から真正面に打ちおろし、味方（新政府軍）は苦戦になった。

ここは要地であるが、さらに攻め落とす目途もなく、監軍（山本登雲介）の御指図によって全軍とも小砂川村へ引き揚げた、という。

【史料原文】

巳ノ刻頃、肥州・亀田並弊藩合兵、三崎へ進軍、賊漸ク三崎要地ニ退縮、砲台ニ拠リ真正面ニ打下、味方苦戦ニ相成、（中略）要地故、更ニ攻落ス目途ナク監軍御指図ニ依テ総軍小砂川村へ繰揚

戦闘は翌日以降も続いた。

以下『東征日記』の記事。

一四日（七月）、本営・小荷駄方とも大須郷村で兵粮の炊き出しをしていたが、小砂川村で分捕った粮米があるので今日は川辺で炊き出しを行った。佐賀勢三隊と軍事局・大砲隊は小砂川の焼け残り

の家に宿陣、戦場には諸藩から兵を出し徹宵張番守衛した。夜半敵陣から大砲一発小銃数発を打ち出したが、これは威嚇のようで昨日のように巣穴から撃ちおろすものではなかった。朝になって双方砲撃。敵の砲丸は戦場だけでなく小砂川の陣所にも二発飛来したが、不発であった。拾って打ち返した。怪我人もなかった。

今夜も番兵巡邏により守衛。

一五日、山中に逃げ隠れていた農民を召し捕らえて糾問した。庄内から農兵として箱館に渡った者を急遽呼び戻し、また農漁民のうち強壮の者をすべて農兵に取り立てていると供述した。三崎嶺を固めているのは主にこの者たちらしい。

十八丁立の船一艘と十三〜四丁立の船六艘が北の方角から当浦（吹浦）に向け走航してきた。小銃数発を撃つと三崎の方に走り込んだ。農民から聞いた箱館援兵ではないか。深堀六番隊の向井甚七ら二名を塩越村まで斥候に出した。

今日も双方小競り合い。日暮れに止む。

以上みたように七月一三日から三日間、激戦を続けたが、新政府軍は戦果をあげることが出来ず、藩境進出の目的を果たせなかったのである。

## 秋田一隊の合流

ところで今回の作戦では前に述べたように、秋田勢は観音森方面を担当した。秋田藩荒川隊・佐藤隊は大須郷から、同じく渋江隊は小滝から観音森に進んだ。

以下『東征日記』の記事。

秋田勢は家老渋谷内膳を隊長とし、観音森を攻撃した。ここは鳥海山の西北、酒田・庄内を眼下に見、敵（庄内軍）がここに拠れば味方は後口を絶たれる重要地点である。秋田勢はこの山を乗っ取り敵の陣屋一ケ所を焼いて進撃した。しかし敵は他の四～五ケ所に立てこもり、岩陰・土手穴などから首だけを出して銃撃してきた。味方は野原を進むようで的になるばかり。しかも敵はエンフィールド銃、味方は旧式のドントル和筒、敵弾は飛来するが味方の弾は届かない。軍勢を分け一隊は正面、二隊は二〇〇人ずつ両方の間道から敵の左右に近寄り、三方から短兵急に攻め込む作戦に切り替えた。ところが右隊が道に迷い小砂川に出てしまった。挟み討ちが失敗に終わり観音森には帰られない。この道に迷った秋田隊が、何とか挽回したいと

観音森遠望（山形県遊佐町）

一四日、わが軍事局に出頭し、佐賀勢の助勢を要請してきた。

秋田隊は、間道から女鹿を襲い大師堂を挟み討ちにしたいと切望した。女鹿村が焼き落ちれば大師堂の後口を遮断できる。敵の動揺のすきに本道から進撃、乗っ取る。至極妙策である。さっそく今夜半出立、朝懸けすべく佐賀勢も一隊出すと申し出た。しかし秋田勢は、今日到着したばかりで兵粮もなく、この数日苦戦、昨夜も雨を冒《おか》し夜通しの行軍で兵隊を一日休息させたいという。一日休息し十五日夜半の出立に決め、兵粮・宿舎を整えて提供した。

右の秋田隊の動きについては、『復古記』（「久保田藩記」）の以下の記述と付合する。

七月一四日、桜ノ沢へは物頭沼井市之助・宇佐美慶吾が繰り出し、西峰裾野へは有志・遊撃二隊と仁賀保の一小隊が進軍したところ、敵の兵隊が発砲した。銃弾をしのぎながら長根へ奮進したが、そこは至って険難、登ることは困難であった。さらに敵兵が退路を断ち切ったのでなおも峻険をおして進撃したところ、山道を踏み違えてしまった。数刻後に小砂川へ出た。佐賀勢の陣所で一泊した。

【史料原文】

同十四日、桜ノ沢ヘハ物頭沼井市之助・宇佐美慶吾繰出シ西峰裾野ヘハ有志・遊撃二隊、仁賀保一小隊進軍之処、賊兵砲発致候ニ付、乱丸ヲ冒シ長根ヘ奮進致候処、同所至テ険難ニシテ登リ難ク且ツ賊兵後ロヲ絶切リ候ニ付、猶モ嶮ヲ冒シ進撃致候処、山道ヲ踏違ヘ数刻ニシテ小砂川ヘ出、肥州ノ陣所ニテ一泊

かくして秋田勢の要請により女鹿焼き討ち作戦が遂行されることとなったのである。

女鹿村の古刹松葉寺（山形県遊佐町）

## 女鹿焼き討ち作戦

女鹿《めが》村は庄内藩北端の最前線基地である。現在は山形県飽海郡遊佐町のうち。幕末には村高七三石、家数四七軒、海岸に面した小村であるが浜街道が通り庄内藩の番所があった。番所には藩士が交代で駐在した。そのむかし松尾芭蕉とともに「奥の細道」を旅した曽良の旅日記には「吹浦を立。番所を過ると雨降出る。一里、女鹿［番所手形納］。是より難所。馬足不通。

三崎峠は険しい山道が続く（山形県遊佐町）

大師崎共三崎峠共云」とある。吹浦の番所から一里。女鹿から先は馬も通わぬ三崎峠の難所である。

三崎峠は現在では遊歩道が整備された公園になっている（一二七頁写真）。標高六〇メートル足らずの小山ながら今も残る旧街道は、日本海に突出した岩場の間を鬱蒼とした樹木で小暗い細道が上り下りする。駒泣かせ・地獄谷などの地名が往時の難所を偲ばせる。頂上あたりに慈覚大師が建立したという大師堂がある。

女鹿焼き討ちの奇襲作戦は深堀六番隊が担当するよう佐賀藩軍事局から達しられた。弥次右衛門は小砂川にいる半隊だけを出動させたいと主張したが、どうしても六番隊一隊でと要請された。六番隊の残り半隊は孫六郎とともに塩越村本営にいる。荒木文八郎・深町運八が迎えに行き、夜半には小砂川に集合したので即時出撃しようとしたが、待てというので八ツ（午前二時）過ぎまで休息した。

このとき弥次右衛門は、途中の敵は秋田兵に譲り、六番隊は無二無三に進撃、女鹿焼き討ちを第一とし放火のうえは速やかに分配すること、一人の戦功を貪らず一軍の威を示すこと、など様々指示を与えた。さらに、火の手が揚れば大師堂は動揺するから撤兵隊を立て狙い撃ちに敵を打倒するようのことまで申し談じて六番隊を送り出した。

先陣は秋田隊二〇〇人、軍監山本登雲介が指揮。

後陣、深堀六番隊、佐賀本藩の斥候・石井小次郎、遊兵・手明鑓《てあきやり》田雑弁内、武具方玉薬心遣兵粮兼・手明鑓西村林平。

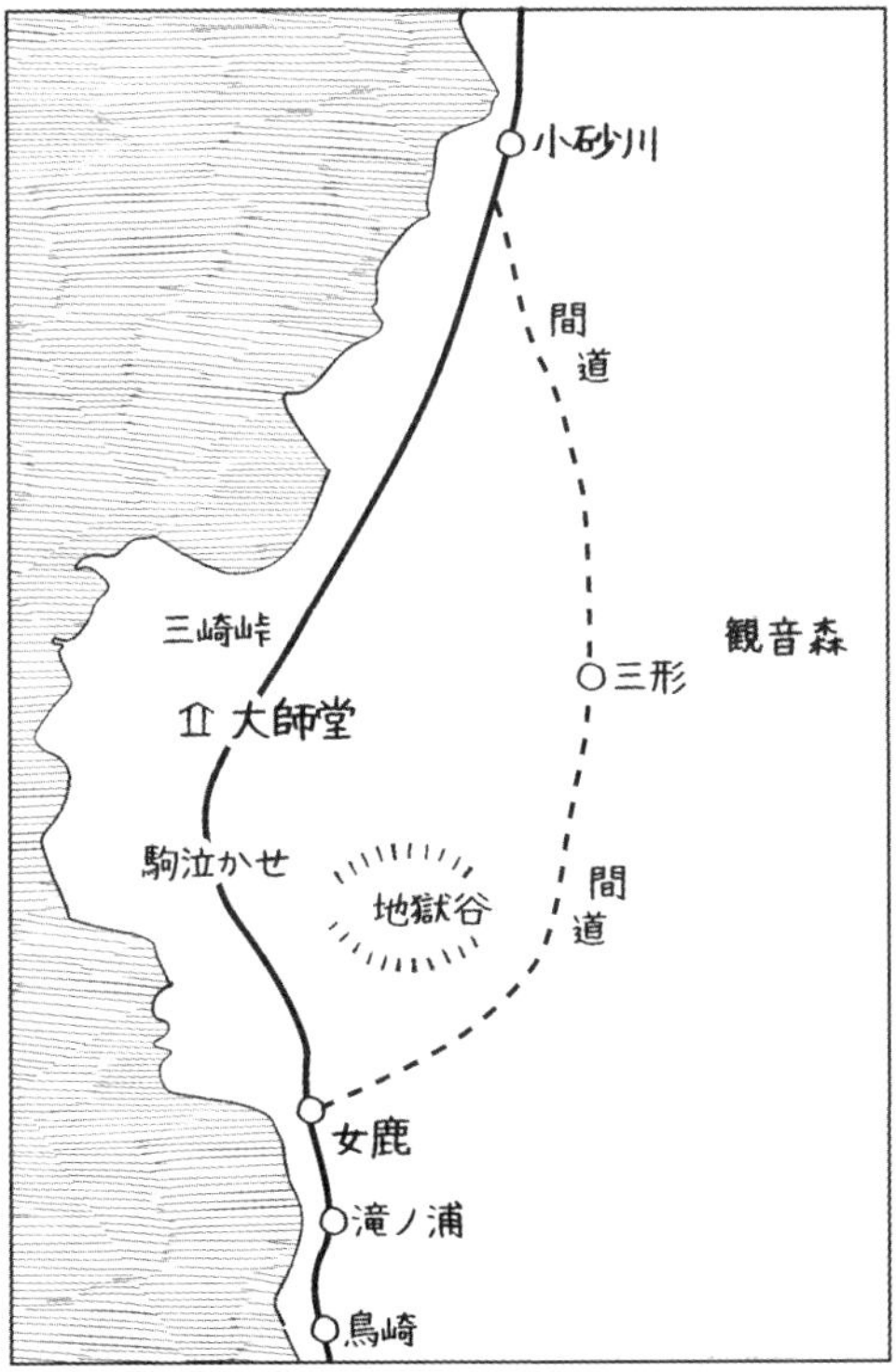


女鹿村の激戦　7/16

六番隊の隊列は次のとおり。

指揮役・樋口作右衛門　田代文右衛門（病中につき出役なし助役）

隊伍長・深堀助太夫

伍長・堤壮右衛門

　高浜伝之助　堤甚吾　古賀松一郎　江口津右衛門

江副豹七郎

伍長・西久保平九郎

堤兵力　多々良鉄之助

田中三郎助　牧口常一郎

向井甚七

伍長・樋口貞一
　大塚慶太　緒方収蔵　末次彦太郎　深町運八　川副寿一郎
隊伍長・山本嘉平太
伍長・荒木文八郎
　江口十作　峰嘉次郎　大久保大介　川原泰三　向井喜助《ママ》　（『東征日記』）

さて、この日の戦況について峰弥次右衛門『東征日記』は次のように述べる。

七月一六日暁八ツ半（午前三時）過ぎ、女鹿襲撃隊が小砂川を出発した。

朝五ツ（八時）時分、火の手が揚がり四ツ（一〇時）時分には大砲声も聞こえたので、味方の様子が気がかりであったが、大師堂攻撃の佐賀遊撃隊・五番隊が進撃。味方の本荘・亀田兵は数も少なく弱兵ゆえ控えていた。

九ツ（一二時）過ぎころ武器運搬の通夫一人が乱髪破衣で戻って来た。火の手は揚げたが、その後、敵に四方を囲まれ味方は苦戦という。遊撃隊を女鹿の応援に回し、本荘・亀田兵も派遣した。さらに斥候その他三人と樋口貞一も帰陣して苦戦の次第を注進した。応援が間に合えばよいが何分隔路、はなはだ心配である。

そこへ八ツ半（午後三時）過ぎ、樋口作右衛門・堤壮右衛門・深堀助太夫・古賀松一郎が帰着した。「敵は前後左右を走り回り、味方は進退窮まった。このうえは一先ず退却するしかないと監軍や秋田勢隊長と相談、山中に落ち延びることとした。味方は散々に立別れ、秋田兵六〇人ばかりと六番隊八人が一緒に行動したが、途中でまた立別れ、われわれだけが戻った。残りは敵の大軍の中で首尾よく落ち延びたかどうかわからない」との報告である。しかしその後、二人三人と戻って七ツ半（午後五時）過ぎまでには都合一六人が帰着した。

敵の守りは堅く防戦は強固、これ以上夜襲をかければ味方の損害が大きい。一先ず塩越まで退陣すべきであると監軍山本登雲介（長州藩士）に示談に及ぼうとした。ところが山本は女鹿襲撃に何の策略もなく、味方を置いてすでに塩越に引き上げたという。佐賀藩軍事局から諸軍に通知して小砂川を引き退いた。翌暁には二組八人、四ツ（午前一〇時）時分にはさらに二人が帰還した。孫六郎は兵隊に酒をふるまって労った。弥次右衛門は多人数を失ったことを孫六郎に詫びた。

高浜伝之助と従者山口徳右衛門の生死は不分明ながら、もはやこれ以上は帰還の見込みがないと判断し、軍事局に報告書を提出した。

この戦いで深堀六番隊の勇猛さが評判になった。

また実際に出動した江口十作『慶応記』の記述は次のとおりである。

七月一六日鶏鳴のころ小砂川の陣営を出発し間道から進んだ。小砂川宿の東方松山に入り、深夜暗黒のなか険阻な山谷の岩角を攀じ登り葛《かずら》を伝って歩いた。進軍は困難を極めた。秋田兵のなかには岩窟に傷ついて退く者もいた。天明の頃、ようやく観音森の間道に出た。ここは追分になっている要路だから秋田兵のうち若干名を番兵に残した。そこから進行すること十余町、遥か向うの山峡に日章旗を建てた砦が見えた。官軍の挙動を窺っているようである。小砂川の陣営を出発するのに先だち予めこの砦のことは探知していた。よって夜中密かに取り囲んで悉く討取って女鹿村を夜襲する予定であった。女鹿村は敵の本営である。ここで空しく帰ったのでは神速追撃、敵の防備を許すこととなる。敵は進め進めと砦からしきりに連発防禦する。弾丸は左右に飛来し避けようにも味方には楯もな

三崎峠山頂にある大師堂（山形県遊佐町）

い。先鋒の秋田兵は大いに逡巡して進まない。六番隊が先陣に進み、各々応砲するなと勇を振るい鯨波を揚げて突進した。秋田兵もまた後に続いた。ようやく谷間に降りると敵の別軍が北の山上から味方の北側を衝いてきた。六番隊はこれをものともせず吶喊して一の砲台を乗っ取り、守兵を討ち取り陣屋を奪って火を放った。さらに進んで女鹿村に迫り敵本営を襲撃。女鹿村に屯集していた敵軍数百人は狼狽して鳥崎村の方に逃走した。女鹿村に放火、残党を誅滅した。六番隊は岬嶺（三崎峠）の裏手に備え敵の粮道を絶った。このとき大師堂の敵陣から狼烟の揚がるのが見えた。

一方、秋田兵は監軍山本登雲斎（長州人。鳥羽伏見の戦争に出陣）の指揮で鳥崎村の敵を追撃し同村を焼いた。敵は滝ノ下《（ママ）》（滝浦）村脇の山と東の方の小山に拠って防禦した。秋田兵は戦い終《つい》に利を失い、悉く女鹿村に引き揚げて来た。敵の追撃は非常に急激である。六番隊の面々は秋田兵の無計画と卑怯ぶりを詰《なじ》り、かつ監軍に戦略を詰問

至極険難之地「佐賀藩戊辰の役秋田藩領絵地図（小城鍋島文庫12ー11）」部分　佐賀大学附属図書館蔵

した。監軍は「術策尽き如何ともなしがたし」と答え「鳥羽伏見の戦いでもこうだった」と述懐した。

敵（庄内軍）の援軍が喚声をあげて四面から味方に迫ってきた、あたかも急に霰が降るようである。味方は孤軍、深入りしても守りきることはできない。一同決死の覚悟で大師堂を攻め血路を開くべし、さもなくんば潔く戦死あるのみと、三崎峠の敵陣をめざし、各々先を争って峻坂険阻を凌ぎ攻め登った。叫び声は山叡に震い、実に両軍存亡の血戦であった。後刻聞いたところでは、官軍の間道奇襲部隊が敵に包囲されていることを知った佐賀遊撃隊（六番隊）が応援に向ったものの到達できなかったという。如何せん守るほうの敵は塁壁に拠り攻めるほうの官軍には楯となるものがない。官軍の死傷は秋風に舞う木の葉のようであった。秋田兵の死傷も多い。今や、味方は玉矢尽き、敵塁に躍り入ろうにも距離十余間先の絶壁で入ることはできない。重囲に陥り檻の中の虎のような状態である。いたずらに討ち死にするよりここは一旦退くべしとて各々分離、険阻を忍び本陣を指して引き揚げた。もとより不案内の山中、殊に所々の要衝には敵の番兵所があり進退に窮した。時候は炎暑、山中に水を求めても一滴もなく、やむなく水分を含んだ苔を食うありさまであった。千辛万苦、日暮れようやく味方の松原砦に帰りつくことができた。なかには翌日になって帰営した者もあった。

## 深堀六番隊の報告書

『東征日記』にあるとおり、六番隊が軍事局に提出した「敵合之働其外手続」（戦闘報告）も次のとおり戦争の状況を詳細に報じている。

七月一六日暁八ツ半過ぎころ秋田勢先陣二〇〇人ばかりを三人の隊長が引率、長州藩監軍山本登雲介が指揮し、応援として深堀六番隊二七人と従者山口徳右衛門・松尾甚太郎・通夫一人が繰り出した。佐賀兵からは斥候石井小次郎・遊兵田雑弁内・武器兵粮方兼手伝西村林平および下僕一人が玉薬二荷・兵粮を運搬した。

そもそも今回の襲撃は、間道の山中に敵が斥候所番所を建て五人三人の遠見の兵を置き用心堅固に見えたから、次のように作戦してあった。秋田勢何人かを敵番兵の討手と定め、本軍は途中の戦闘を避け、先ず女鹿村の放火にかかる。そのうえで秋田勢は吹浦の敵を討ち、六番隊は大師堂の敵を討つと約束しておいたものである。

シュントルス五本と蘭附木（マッチ）を用意して、小砂川の東、畠の畦道から松山に入り、その山を越えてさらに山を越え、東の観音森間道に出た。ここで夜が明けた。大師堂と女鹿の追分地点に秋田

鳥崎村（山形県遊佐町）

滝浦村（山形県遊佐町）

女鹿村（山形県遊佐町）

勢一隊を番兵として残した。そこから凡そ半里余りの下り坂で西方向に至極険難の山があり、日の丸の旗が立っていた。敵の番兵小屋に見えたので、さらに足早に進んだところ、敵兵三〜四人、頻りに銃撃してきた。味方は鬨の声を揚げ進撃、左手山上の敵斥候所二ケ所からもおよそ八〜九人ばかりずつで銃撃され、秋田勢が応戦したが、山上と山下の戦いで味方は不利である。敵は小勢であるから銃撃戦を止め、一気に山を登攀し山上で戦うよう秋田勢を励ましたが、進撃しそうにない。六番隊はその脇から険阻の野原を鬨をあげながら真直ぐに攻め登った。この勢いに秋田勢もようやく進撃、敵は逃げ去った様子で、秋田勢も頂上に駆け上った。仮番所一ケ所・屯所一ケ所・玉薬囲所一ケ所があり、屯所にいた敵二人は秋田勢が討ち取り、火を懸けた。六番隊はそれを脇目に一気に西のほう女鹿村に到着。秋田の先頭七〜八人も従《つ》いて来た。この時、敵の朝食を女鹿村から仕出ししようとしていた。すぐに追い払い、手筈のとおりシュントルスで所々に火を放った。一瞬にして村ぢゅうに火が回った。秋田兵は敵の弾薬を分捕るためか家々に入込み混乱したので、手筈どおり担当部署に攻め懸けるよう深堀助太夫が促した。秋田勢は女鹿の南、鳥崎村を焼き払う約束であった。六番隊は大師堂の敵を討つため一ノ峰尾に展開、発砲、砲台一ケ所を乗っ取り、農兵三人を生け捕りにした。味方の兵粮が乏しいので兵粮方の西村林平に「生け捕り二人を召し連れ兵粮を調えて女鹿にくるよう」樋口作右衛門から申し入れ、かつ、秋田勢隊長にも応援人数を依頼した。秋田勢から一小隊が六番隊に加勢した。

他の秋田勢は女鹿から小山を越えて進撃、ついに鳥崎村に放火。敵は滝之浦村・脇之村ならびに東の小山から大小銃を放発、抵抗した。

六番隊は応援の秋田勢とともに大師堂裏の本道の峰尾に近寄り砲撃、敵も応戦砲撃した。この時、荒木文八郎が深手を負ったので、やむを得ず堤壮右衛門ほかが一緒に引き退いた。

秋田勢と監軍山本登雲介は鳥崎村を後退し六番隊を待っているというので、樋口作右衛門・堤壮右衛門・深堀助太夫が行って、監軍と秋田隊長荒川久太郎に尋ねた。「敵に前後左右を取り巻かれ味方の利運はおぼつかない。いかなる打開策を立てるべきか」。監軍は「最早策なし」という。「しからば討死は時節を待つべし、進んで大師堂を打ち破り本道から戻る覚悟で突撃すれば生還する者もあるだろう。みな討死の覚悟はできている」と、六番隊および秋田隊長豊間源之進を先頭に敵前十間余まで進撃した。敵の発砲は殊に煩雑、急霰の庭を走るがごとくであった。このとき豊間源之進(秋田兵)、六番隊西久保平九郎・多々良鉄之助・川原泰三が討死。古賀松一郎・緒方収蔵は手負い。しかし秋田勢は後続せず、またまた後進して監軍・秋田隊長に相談、一先ず落ち延びるよう言われた。大師堂の本道と女鹿村の間道はすべて敵中、前後左右を取り巻かれているので、一ノ峰尾から山中に落ち込み顔を隠して行こうと、山中に入ったところ、敵が四方八方から銃撃、惣兵は纏め兼ね、秋田兵五~六〇、六番隊七~八人、四方を警戒しつつ退却した。大師堂の山嶺でしばらく待ったが残兵も来ず、その後、小砂川村右手山上でも待ったが、味方の足跡は一向に分からず、そのまま小砂川村に帰陣した。残り人数も追々帰還した。なお手負いの荒木文八郎は高浜伝之助が介抱しながら山中まで一緒であったが、深手のために遅れ、翌一七日割腹。生死不明であった伝之助と従者徳右衛門は、敵地を潜みながら二〇日夜四ツ半ごろ塩越村本営に帰還した。

辰七月　　六番隊

右のとおり軍事局に届け出た。また戦死四名、負傷二名の届けを行った。

西久保平九郎秀武　大師堂攻め口先頭、左股骨を撃ち砕かれ深手、割腹して死亡
多々良鉄之助義央　右同断、平九郎を介抱中、胸を撃ち抜かれ死亡
荒木文八郎義章　右同断、下横腹を撃ち砕かれ深手、割腹して死亡
川原泰三健虎　右同断、退き口殿《しんがり》の節、臂を撃ち抜かれ死亡
古賀松一郎義光　大師堂攻め口先頭、左腕を撃ち抜かれ浅手
緒方収蔵義興　右同断の節、左■■《（読めず）》股腹
臂を懸け撃ち抜かれ深手。
従僕京蔵が介抱、
同所惣兵と一緒に後退、
堤甚吾・川副寿一郎が擁護
し翌一七日暁塩越村帰着

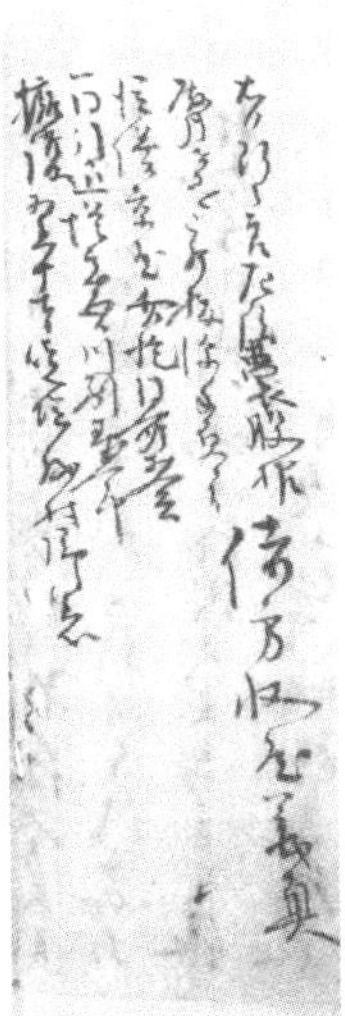

## 秋田藩の記録

秋田藩の報告は次のとおり（『復古記』所収「久保田藩記」による）。

七月一五日、渋江内膳隊は観音森を固守し、山本登雲介が率いる遊撃・有志二隊（荒川隊・佐藤隊）と佐賀兵一小隊（深堀六番隊のこと）はおよそ二里半余の険難を進行、一六日払暁、女鹿を守衛する敵（庄内軍）を襲撃、短兵急に奮戦、敵は散乱した。わが兵は進撃して女鹿村を放火し、佐賀勢は三崎の裏手に向い、砲戦した。時に味方は軍隊を整列して勢力を調えた。

秋田藩豊間源之進の墓（山形県遊佐町）

敵（庄内軍）は吹浦の方から山手にだんだん人数を繰り出した。女鹿から五丁ほどさき山の下り口に屯集し大小砲を列発、かつ数カ所の要地に拠り軍旗を立てて展開、激戦したので、わが兵も大いに砲戦し、死傷はなはだ多かった。なおも奮戦、滝ノ浦村を放火した。戦争が既に四ツ時になっても敵（庄内軍）は尽力防戦したので、有耶無耶の関（三崎嶺のこと）に向かって進軍した。豊間源之進が魁である。佐賀勢がすこぶる苦戦の折から源之進は秋田の兵士を励ましてまっすぐに進撃したが、弾丸で銃創を負い戦えなくなった。大いに味方を激励して憤死した。わが兵はなおも力戦したが、敵兵（庄内軍）はますます膨らみ、味方は寡兵、敵しがたく佐賀勢とともに小砂川に引き上げた。軍監登雲介の指図で関村・中ノ沢村に番兵をおき日暮れ塩越村の本営に引き上げた。

討死六人、手負一七人。

また、明治二三年刊行、秋田の狩野徳蔵（旭峰）編纂『戊辰出羽戦記』によれば、七月一六日の戦況は以下のとおりである。

荒川・佐藤の隊より屈強の者を選び出し佐賀一隊（六番隊のことである）を併せて百余人を女鹿襲撃隊に定めた。一六日暁丑ノ刻から本道三崎口に向けて矢島大砲隊を先鋒に本荘・亀田・佐賀の兵隊が進軍、暁霧で暗いのに乗じ間近に迫って撃ちかけた。沓掛の味方（秋田軍）も同じく大砲を発して攻めかけた。敵（庄内軍）も応戦、打ち合った。

荒川らの百余人は密かに女鹿間道に入り、三形の守兵を追い払った。ここは庄内の小隊長・紀太惣造の持ち場だが、惣造は昨夜から沓掛間道に番兵して、三形には三〇人ばかりしか残っていなかった。三形の陣屋を焼き払い、勢いに乗じて女鹿村へ攻めくだり火を放った。敵兵（庄内軍）は慌てて戦ったが、小隊長が流れ弾に当たり討死、隊伍を乱し死傷多く潰走した。襲撃隊はさらに滝ノ浦村を焼きたて大師堂の背後に迫った。敵（庄内軍）は嶮岨を頼み防戦した。しかし、このとき吹浦から庄内軍の酒井兵部大隊が応援に押し寄せ、味方は挟み撃ちにあってしまった。ここは一筋しかない山路、向かう大師堂には必死の敵兵が銃口をそろえて防戦し、右は絶壁が高くそびえ、左は懸崖千尋、進退に道なし。豊間源之進（秋田藩佐藤日向隊参謀兼半隊長）が抜刀奮進したが、乱丸に急所を撃たれ立てなくなった。そのまま屠腹して果てた。そのほか十余人が討死。残兵は散々に敗走して、道もない山沢を荊棘の嫌いなく蔦葛にすがり岩角にとりつき這々の体で、未刻過ぎ小砂川まで逃げ延びた。

襲撃隊はその志を得ずして退いたので、本道の味方も戦いを収めて塩越に後退した。

## 庄内側の記録

一方、庄内藩の記録は戦況を次のようにいう（『復古記』所収「酒井忠宝家記」による）。

七月十六日黎明、北境川岸の敵（新政府軍のこと）が深い霧に乗じて三崎に押し寄せ、前方の山から発砲した。ここを守る三番大隊の諸隊がこれに応じて砲戦した。沓掛松の敵（新政府軍）による大小砲攻撃もはなはだ急であった。敵（新政府軍）の一隊がさらに三形の間道から進撃した。沓掛間道は三番大隊の紀太総造隊が昨夜から固めていたが、三形にはわずかの人数しか残さず油断していたので、小勢でもあり、ひしひしと撃ちかけられ散々に敗走した。敵（新政府軍）は勝ちに乗じて三形の番屋を焼き、直ちに女鹿村に侵入して火を放ち、滝ノ浦も焼き立てた。さらに兵を分けて三崎の後方を襲撃してきた。敵（新政府軍）は番屋に火の手が上がったのを見て、小砂川・沓掛から同音にときの声を上げ、鉦を鳴らして攻めてきた。女鹿村が焼かれたので、ここで戦っても無駄である。村岡吉太夫隊は吹浦を守るべく山道から引き退いたが、堀平太夫隊は三崎の味方が腹背に敵を受ければ皆殺しになる、まずは女鹿近くで一戦せんと女鹿に向かった。途中、手旗を持って滝ノ浦の方に進む敵（新政府軍）の三人に逢った。一人を銃殺した。敵（新政府軍）は滝ノ浦の松原に並んでしきりに発砲した。疋田龍造隊は下の陣屋から駆出し滝ノ浦の山に沿って進攻した。敵（新政府軍）兵がやや退いた。疋田隊はこれを追って三形に進んだ。敵（新政府軍）はみな山中叢の中に潜んで逃げ去った。紀太総造隊の敗兵が逃げる敵を三崎まで追った。三崎では前面の敵（新政府軍）と奮戦し、弾丸が雨のように飛来するなか、後背に敵が来るようであったから、退いたが、敵（新政府軍）が間近に迫ったので直ちに高所に移って防戦、敵数人を斃した。前面の敵（新政府軍）は三四十間ばかりに迫り、その勢いは鋭かった。平林祐吉隊と岡田匠作隊が必死に砲戦した。地獄谷の敵（新政府軍）も間近に進

地獄谷（山形県遊佐町）現在は深い森に包まれている

んで発砲、関文蔵隊と田口水右衛門隊が防戦、敵数人を斃した。敵（新政府軍）はここを破ることは出来ないと分かったのか、秋田兵が「引け」と号令した。これにより敵（新政府軍）は路もない深い藪の中に潜んで東北の方に退いた。前面の味方（庄内軍）はこれに気をよくして打ち立てたので、敵（新政府軍）は次第に後退した。夜、未明に敵からは五～六発撃ちかけただけであった。

戦死五名、負傷三人。

右の地獄谷における戦闘については明治二九年刊、旧庄内藩士和田東蔵『戊辰庄内戦争録』が詳しい。

○天明から敵（新政府軍）が多数押し寄せ、わが持ち場三崎に大小砲を厳しく撃ちかけた。必死に防戦した。朝八時過ぎ女鹿に火の手が見えた。部下を見に行かせたところ、敵は最早裏手から襲来する模様。岡田匠作と協議して、岡田隊から一〇人、わが隊（平林隊）から八人の兵を分け、田口水右衛門（半隊長）とともに裏手の敵に向かわせた。敵は地獄谷という谷間まで寄せて間合いもない場所で砲戦した。八ツ（午後三時）過ぎ、敵（新政府軍）はしだいに退却したので、地獄谷を捜索させると肥前藩多々良哲之助平義秀という者が斃れていた。寒河江文之助がその首を獲った。正面の敵も追々引き色になり午後四時ころには退却した（「平林祐吉覚書」）。

○敵（新政府軍）は紀太総造隊の持ち場（三形）を破って女鹿・滝ノ浦・鳥崎の三村を焼いた。また敵の一手は大師崎の裏手に至り味方（庄内軍）を追撃した。三崎は大いに苦戦。平林祐吉隊とわが隊（岡田隊）から一八人を田口水右衛門に預け、地獄谷の敵（新政府軍）を急襲させた。三崎は前面の敵が一五〜六間まで迫り味方は進退窮まる状態であった。しかも銃が熱して玉が込められない。冷やす水もなかった。背面の敵も谷に下り一五〜六間に迫ったが、田口らが狙撃して七〜八人を斃した。このとき味方杉山隊の三〜四人が女鹿から応援に駆けつけた。敵は敗走し、田口の一手は追って敵の首級を獲り、大いに勢い付いて三崎に戻った。

この日地獄谷で得た首は次のとおり。

秋田藩・豊間源之進　佐藤吉之助が打ち倒して首を獲り帯刀と遠望鏡を分捕り。

肥前藩・関甚二　中島専吉が討ち取り。

何レノ藩カ・川原泰蔵　大滝平太郎が首と刀を得た。

首一ツ　安達準助が獲った（「岡田匠作覚書」）。

○地獄谷に入って三崎に迫った敵（新政府軍）も三崎は要害、いかんともすることを得ず、多くは谷底に逃げ隠れたが、一二〜三人は踏みとどまった。彼等はどこから牽いてきたのか農馬を楯に応戦したが、馬が倒れるとたまらず敗走した。味方（庄内軍）はこれを追って敵の首級を得た。一番に大

滝平太郎、二番に佐藤吉之助、三番中島専吉、四番安達準助（「岡田匠作隊渡部日記」）。

このように、深堀六番隊の川原泰三と多々良鉄之助の最期は庄内藩士の記録にとどめられている。戦国の遺風さながらに敵の首級を挙げたとある。

後日、戦争が終結して酒田に向かう途中、一〇月三日、このあたりを通った武雄の牟田忠行は、

此（大師堂）ヨリ先、最高ノ処ニ賊（庄内軍）大砲三門ヲ棄置セリ、下ツテ小谷アリ、地獄谷ト云フ

と地獄谷の地名を記録している（牟田忠行『従軍日誌』）。

象潟の古刹蚶満寺山門（にかほ市）

## 戦死者の葬式

七月一九日、蚶満寺《かんまんじ》において女鹿村戦死者の仮葬を行った。総隊長鍋島孫六郎の代理として深堀琢磨が焼香した。各隊および各藩よりも焼香の礼式があった。

蚶満寺は現秋田県にかほ市象潟《きさがた》にある曹洞宗の古刹である。寺伝によると仁寿三（八五三）年慈覚大師円仁の開山という。

慶応四戊辰七月十六日　於羽州女鹿戦死
西久保平九郎秀武　行年二二歳　忠了院偏正義見居士
多々良鉄之助義央　行年一九歳　仁法院正介義全居士
荒木文八郎義章（ママ）　行年三一歳　忠全院偏界正義居士

川原泰三健虎　　行年二七歳　賢光院偏忠義円居士

四人の名前を刻んだ合葬墓が蚶満寺の山門を入ってすぐ右手の閻魔堂の横にある。その隣に七月一二日の小砂川の戦いで討死した佐賀藩遊撃隊の戸田基一郎、閻魔堂左には佐賀藩夫卒の墓もある。また秋田市の全良寺官軍墓地にも四人の合葬供養塔がある。もちろん深堀の菩提寺にもそれぞれの供養塔がある（多々良鉄之助は龍珠庵）。深堀の墓碑には「於羽州由利郡女鹿村戦死　葬于同郡塩越村蚶満寺」などと蚶満寺に葬ったことが書いてある。

また深堀の菩提寺にある高浜太郎翁墓誌には荒木文八郎の最期を刻してある。高浜太郎は伝之助のことである。

蚶満寺閻魔堂脇にある西久保平九郎・多々良鉄之助・荒木文八郎・川原泰三の合葬墓（にかほ市）

同全良寺合葬墓（秋田市　全良寺官軍墓地）

此役《このえき》同藩士荒木文八郎腰部ニ敵弾ヲ受ク。翁（太郎）、従兵山口徳衛ト共ニ力ヲ戮《あわ》セ之《これ》ヲ巌窟ニ匿《かく》シ傍ニアリテ看護ニ努メシガ食薬ナク、敵中ニアルコト七日間、自己ノ食ヲ絶チ僅カニ戦時用鰹節ニテ飢ヲ凌ガシメシモ衰弱

高浜太郎墓誌（深堀町　菩提寺）

益《ますます》ス加ハリ、彼再起ノ望ナキヲ識《し》リテ自刃ス。翁其ノ遺髪ヲ携へ昼伏夜行敵地ヲ脱シテ秋田ノ本陣ニ到ル。

深堀六番隊は女鹿村の激戦により出足から多大の犠牲を受け、兵力を損耗したまま、強敵庄内兵との間で、主君孫六郎の護衛と新政府軍の戦力としての働きを続けざるを得なかったのである。

# 第五章　第三次深堀隊の出勢

佐賀藩軍艦延年丸　乗船者は函館に出征する佐賀藩士（『佐賀藩海軍史』所収）

## 弥次右衛門の一時帰国

さて前述したように峰弥次右衛門の『東征日記』は慶応四年七月二一日までで、それ以後は断簡が二冊ある。八月二〇日から一〇月一九日までと、一〇月一七日から二二日まで。いずれも虫食いがひどく解読が困難であるが、どうも追加の兵隊を集めるため一度深堀に戻ったようである。四月に江戸で合流した後続隊に続く、いわば深堀の第三次隊である。

この「日記」断簡によって弥次右衛門の行方を辿ってみよう。

慶応四年八月二〇日の記事に次のようにある。

旦那様（孫六郎）に御供の御人数は手負や戦死などでこのうえもなく少なくなって、もはや御供の中から□□（虫損）兵隊どもを差し出すことが困難なほどになってしまいました。さりとて深堀家より出兵いたさないようでは後日の世評も如何かと残念の至りにございます。今更ながら深堀から新たに御呼びよせになるべきではないでしょうか。このように弥次右衛門が申し上げた。

【史料原文】

御供御人数手負戦死等にていやがうえ手少く最早御供内より□□（虫損）兵隊共差出兼候程の御人数に相成り、さりとて深堀家より出兵致さず通りにては後日の世評も如何敷く残念の至り候へば今更ながら御呼越し方には御座有間敷哉の段、弥次右衛門申上候

七月一六日の女鹿村の戦闘で戦死四名・負傷二名を出したほか、出陣以来の戦闘で負傷者も多かった。孫六郎の御側護衛兵を除けば実際の戦闘要員は相当減少していたのである。もはや兵隊を戦闘に差し出しかねるほどの御供人数になってしまった。しかしながら深堀隊の出動が無いのは後日の世評も芳しからず残念である。今更ながら追加の兵を呼ぶべきではあるまいか、と弥次右衛門が上申した

のである。

八月二〇日といえば、庄内軍の勢いは強く、武雄の上総茂昌《しげはる》とともに本営を新屋に後退させて連日激戦を交わしていたころである。弥次右衛門は深堀から追加の兵隊を呼ぶことを提案した。孫六郎は間に合うのかと尋ねたが、明春の雪解けごろ庄内落城までは戦争が続くだろうと見た弥次右衛門の意見が通った。そうして深江助右衛門引率の佐賀兵を乗せて来た外国船が戻るのに便乗して二〇日、秋田を出船した。船には九条総督・沢副総督の家来たちも同乗していた。

弥次右衛門が国許に帰ったことは『茂昌公羽州御陣中記』八月二〇日条の記事でも確認できる。

廿日　晴

一、深堀御家来峰弥次右衛門義、御国元罷越候便ニ而左之廉々当役へ申越之

と、帰国する峰弥次右衛に、茂昌からの佐賀藩庁（当役）あて書状を言伝てたことが見える。

弥次右衛門は佐渡沖・越後沖を通り豊前大里《だいり》で上陸、二六日八ツごろ佐賀に到着。翌日、増し人数の件を藩庁請役所《うけやくしょ》に届け出、軍艦を深堀に回して兵隊を乗船させることや武器銃砲の拝借も願い出た。二八日佐賀を出発、二九日長崎に到着した。

長崎ではちょうど佐野栄寿左衛門（常民）が小型の軍艦を購入しようとしていた。延年丸である。これを深堀に廻航し兵隊を乗せ、九月一四日出船した。一九日、大坂に着船。軍用金を受け取るため佐賀藩大坂蔵屋敷に行ったところ、野州から帰還した佐賀藩士・田中五郎右衛門や平田助太夫に出会った。そこで東北の戦況を聞いた。米沢藩・仙台藩・盛岡藩は新政府軍に降伏、会津も大敗したという。弥次右衛門は一刻も急がなければ間に合わない。大坂では幕府軍艦八艘が箱館に集結していることも聞いた。しかし延年丸には本嶋藤太夫の一団も乗り込むので、深堀の兵隊と武器は全員乗り込

めない。そこで旧幕府から新政府に献納された軍艦・翔鶴丸に乗り換えようとしたが、同艦はボイラーが故障した。そこで兵庫軍務局に願い出て、小倉兵が乗る予定の外国船に同乗させてもらうことになった。二五日、兵庫を出船、二八日下関到着、ところが同夜から風雨大嵐で一〇月二日ようやく下関を出船した。

これより先、九月七日、小倉藩に追加の出兵が命じられ、渋田見縫殿助を隊長とする藩兵三五〇余が、新政府差回しの軍艦で豊前沓尾浦（現福岡県行橋市）から乗船することになっていた。小倉兵は悪天候のため門司から乗船した。新政府軍務官の肥後藩士・太田黒亥和太が指揮をとった（『小倉藩羽州出兵戦記』）。

佐賀藩軍艦延年丸（『薩藩海軍史』所収）

弥次右衛門はこの軍艦に便乗することに成功したのである。

下関で得た情報では、九月二〇日に秋田方面で大合戦があり味方大敗、九条総督もいずこかに転陣したと長崎から知らせて来たという。しかしこれは十二所（現秋田県大館市）における盛岡・秋田戦争のことで、久保田城下は無事と分かり安心した。

なお、弥次右衛門らが延年丸で長崎を出船したことは、佐賀藩から新政府への届け出でも確認できる。

羽州出張の弊藩家老鍋嶋孫六郎兵隊五拾人兵夫拾人、九月十二日国許より手船延年丸乗込み羽州

表え出勢仕りたる儀に御座候、此段御届申上候、以上
九月《ママ》四日　　　　肥前少将内　原口重蔵
軍務御役所
（『太政官公文』国立公文書館アジア歴史資料センター）

ただし、弥次右衛門らが兵庫で乗り込めなかった延年丸は小形であり、出船したものの厳冬の日本海を乗り切ることができず、越前敦賀から大坂に戻ってしまった（『公文類纂』国立公文書館アジア歴史資料センター）。もし延年丸に乗船していたら、秋田へは行けなかったであろう。

## 新潟・能登七尾

明治元（慶応四年＝一八六八）年一〇月六日、越後新潟に到着。

この外国船に同乗していた肥後の参謀・太田黒亥和太が御用金五万両を越後総督府に届けるため上陸したので、弥次右衛門も上陸した。ここで会津と庄内の落城を聞いた。庄内藩主は寺院に蟄居、城は薩摩兵が受け取ったという。また会津征討越後口総督の仁和寺宮が新発田に滞陣しており、羽州表の九条総督がこれに会軍するはずともいう。あの強敵庄内軍が意外にも弱敵となり急速に軍事が終わったと聞き、弥次右衛門は一刻も早く秋田に向かいたいと太田黒に相談した。

八日、風波が強くなり新潟を出て佐渡島蛭子浦（夷湾）に避難、一二日再び新潟に戻ったが、端船を流されボイラーも破損、ようやく一四日昼、酒田より七里西の庄内領鳶島（飛島）に乗り付けた。ところがさらに不運が待っていた。旧幕府軍艦四艘が四～五日前からここに停泊していたのである。こちらには大銃一丁もない。太田黒は敵船に乗り込み説得しようとしたが、異人の船将に止められた。さらに船将は、このまま秋田へ向かえば幕府軍艦に発砲されかねないとして、秋田に行かず津軽

か青森または能登七尾に回る、或いは長崎に引き返すと言って聞かない。異人らは日本人より船こそが大事なのである。

一六日（一〇月）出帆、一八日七尾到着、深堀から連れてきた兵隊の旅宿二軒を手当てし、夜までに兵隊と手荷物を上陸させた。残りの武器や荷物は船に番兵を付けた。一九日、終日荷揚げ。

あと一六里ほどで秋田だったのに一三〇里離れた能登に逆戻り。「嗚呼天載命之歎」と弥次右衛門は「言語同断之不運」を嘆いている。阻害される恐れはあるものの、ここから新発田まで陸路八〇里を進むしかないと覚悟を決めた。旦那様（孫六郎）始め佐賀勢は最早秋田を引き払っているかもしれぬ。おととい新潟から当地に帰還した薩摩藩船将の話では、越後口の寄せ手はみな引き払い、九条総督も新発田で会軍ののちは北陸道・東山道の諸兵隊も引き払うはずだから、高田でその道筋を聞き次第、東山道の方に急ぐべきかもしれない。

弥次右衛門は、これらの事情を深堀で留守を預かる深堀蔵人・峰為之丞のふたりに宛てた一〇月一九日付書状にくわしく認め、乗ってきた外国船で長崎にもどる通詞の喜代次に託した。

二一日、能登の役人に交渉し、陸路行軍の荷物運送のため人足一二人・馬六疋を提供してもらった。また、太田黒から託された太政官御用荷物も運送するからとて無銭で通行できるように手配した。

二二日、荒木丈之丞・大塚八十右衛門ら深堀の兵隊八人を先触れとし、太政官御用荷物とともに、今朝明け六ツ出立した。

日記断簡はここで終わる。以後の動きは記録がないため分からない。

孫六郎らはすでに一〇月二日酒田に入っていたから、弥次右衛門らはおそらく間に合わなかったと思われる。どこで凱旋軍と合流できたのだろうか。また九条総督が会軍すると教えられた新発田には新潟で下船するのが近いと思われるのに、なぜ七尾まで逆戻りしたのであろうか。疑問は多いが、史料がないと歴史は語れない。新しい史料がどこかに眠っていないだろうか。

## 第三次隊出勢名録

『樋口家文書』に「慶応四年辰九月吉日　出勢名録」という史料がある。これが追加の第三次隊名簿と考えられる。総人数六〇人、以下の面々である。

| | |
|---|---|
| 相浦力之助由清 | 二〇歳 |
| 立川作一郎之只 | 一八歳 |
| 深堀禎太郎賢義 | 一七歳 |
| 永石権作倫英 | 三一歳 |
| 田代幸之助為綱 | 二〇歳 |
| 大庭庄太郎重正 | 二六歳 |
| 荒木丈之允貞良 | 四八歳 |
| 田嶋卯兵衛幸義 | 二六歳 |
| 喜多民之助秀房 | 一七歳 |
| 永石力太郎伴雄 | 一七歳 |
| 大塚八十右衛門義之 | 四八歳 |
| 深江錬八武興 | 一九歳 |

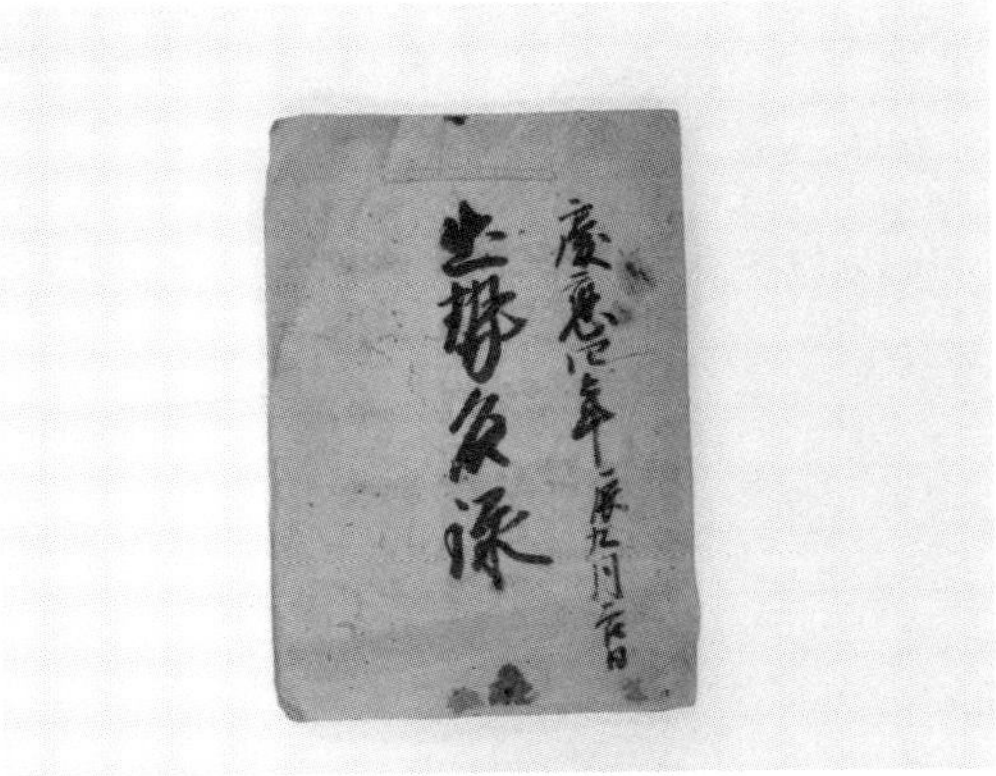

出勢名録（樋口家旧蔵）

山口龍蔵好文　二〇歳
横尾柳碩元倫　三九歳
小西大之進　三九歳
深町菅太夫　三九歳
峯小助道朝　二〇歳

中小姓

田代庄蔵　二〇歳
馬渡伸一郎　二〇歳
大川宗一行清　三八歳
副嶋新兵衛敏真　二三歳
宇都宮卯太夫儀種　三七歳
山口直吉包治　二三歳
牟田一右衛門時久　三七歳　中小姓格
小川文栄志領　二八歳　中小姓格
荒木源之進倫里　二〇歳　中小姓喜右衛門三男

御徒

市田兵右衛門兼次　三二歳
吉田只助　三二歳
野母六郎重忠　二五歳

出勢名録（樋口家旧蔵）

松尾亀太郎玄宜　二〇歳
陣内武一義芳　二八歳
桑原栄三好真　三四歳
高比良一平長一　三一歳
高比良万助祐行　三五歳
田中卯七栄吉　二三歳
森辰蔵　田嶋卯兵衛伯父礼蔵倅

足軽

山口松市　二四歳
立野要助　二六歳
荒木数一　二三歳
荒木源吉　三〇歳
緒方善四郎　二二歳
馬渡重次郎　二三歳
山口勝太夫　四〇歳
田中文一　二二歳
館米作　二一歳
久本富平　三〇歳
松尾甚之助

山崎市之助
志波原三太
山口栄次郎
峯惣八
松尾久助
高浜徳十　　　作右衛門殿従者
桑原国松　　　渡辺五郎右衛門殿従者
峯恒一郎　　　峯弥次右衛門殿従者
兵夫舫《もやい》従者兼
土井ノ首村
末次郎
十次郎
勇松
茂三
松次郎
惣人数六拾人

これをみると深堀の武士は、先の一次隊・二次隊とあわせると、次三男を含めほとんどの家から出動した様子である。さらに武士だけでなく、土井首など近隣の村からも夫卒として徴発された。しかし既に戦争は終結していたから彼らの出番はなかったのである。

# 第六章　佐賀藩分隊の活動

「戊辰戦争絵巻」部分（致道博物館蔵）

## 山道口（院内口）戦線

ところで前述したように、新政府軍の秋田からの庄内藩攻撃ルートは海道口（小砂川口）と山道口（院内口）の両戦線であった。孫六郎を総隊長とする佐賀藩兵も二手に分かれ、深堀六番隊が遂行した海道口戦線のみならず山道口戦線にも投入された。江口十作『慶応記』には山道口に投入された佐賀藩兵の様子も「分隊運動概略」として記述している。これに沿って山道口軍の動きも見ておこう。ただ『慶応記』の筆者江口十作（宗善）は、これまで見たように終始海道口軍にいたから、この部分は直接の体験記ではなく、彼が後日の伝聞により記録したものであろう。事実、この部分の文章は『鍋島孫六郎一手出兵御届書概略写』とほとんど同一である。

話柄は両方面の新政府軍が秋田を出発した慶応四（一八六八）年七月六日の時点にもどる。

山道口軍は秋田から南進し横手・新庄を経て庄内に向かうルートである。佐賀藩兵のほか秋田、小倉、薩摩、長州の各藩兵が部署された。佐賀兵の隊長は軍事局の田村乾太左衛門（昌宗）が務め、部隊は一番隊・二番隊・三番隊・四番隊・応変隊と遊兵および大砲一門である（前出副島以順の回顧録）。これに対し、これまで見たとおり、佐賀兵のうち鍋島孫六郎を隊長とする海道口軍の編成は深堀六番隊のほか五番隊と遊撃隊の三小隊である。山道口佐賀軍を「醍醐忠敬手記」（『復古記』）は「肥前分隊」と呼んでいるが、この山道口軍が佐賀兵の主力とみるべきであろう。『鍋島孫六郎一手出兵御届書概略写』も山道口の状況を先に述べ、海道口の状況を付記して報告する。先述したように、総隊長孫六郎がみずから指揮をとらず主力を田村に預けたのは、深堀六番隊など釜石から海路をとるよう命じられた部隊が山道軍出発日の六日に間に合わず、総督府からこれを待つよう命じられたからであった。『慶応記』には「我ガ分隊海路進軍ノ兵未ダ至ラズ。督府命ジテ主公（孫六郎）ヲ留ム」とある。

佐賀兵主力を田村が指揮したので、同じく先述したように『鍋島直正公伝』が佐賀藩羽州出兵部隊の隊長を田村乾太左衛門とする誤りを犯したのであろう（五二一頁参照）。

## 院内口の戦い

七月六日黎明、佐賀藩の六小隊は薩・長・小倉三藩の兵と各々順序を定めて久保田を出発した。院内口進軍に当って各藩が先鋒を争って決まらず、籤引となった。先鋒小倉、二陣薩摩、三陣佐賀、四陣長州である。

一〇日、四藩の兵は横堀に到着。すぐさま本道と間道二手の三方に分かれて敵を襲撃することとなった。

この戦闘に従軍した佐賀藩士・副島以順の回顧録によれば、八日、横手に到着、このとき以下の情報を得た。新庄の北、院内口と及位口《のぞき》を味方の新庄兵が守備し、中田村は敵の米沢兵・天童兵が守備、金山は敵の本陣があり仙台兵が守備しているらしい。さらに翌日午後、湯沢に到着したときの情報では、中田村の米沢兵と金山の仙台兵が及位口まで前進したという。そこで一〇日、攻撃部署がつぎのように定められた。

本道　　佐賀藩一番隊、大砲一門、小倉兵、薩摩兵、大砲一門。
銀山越　佐賀藩二番隊および応変隊、長州兵。
役内越　佐賀藩三番隊および四番隊、同じく遊兵、薩摩兵。

小倉藩平井小左衛門の『小倉藩羽州出兵戦記』にも、佐賀藩一小隊大砲一門と小倉藩が本道から、長州全隊と佐賀藩分隊は右間道の大滝口銀山から、薩摩全隊と佐賀藩分隊は左間道の中村口役内《やくない》から進入したとある。

山道口では庄内藩のほか仙台藩・米沢藩・天童藩など奥羽列藩同盟の諸藩兵が新政府軍に対決した。

一一日（七月）、両間道の新政府軍は藩境を越えて金山に着陣。一方、本道を進んだ一手は及位峠《のぞき》の奥羽同盟軍の抵抗にあい速かに進攻できなかった。明日、金山から襲い挟み撃ちにすることとした。この時、新庄藩からしばしば使者が来て、同盟軍が城下に迫っていると急報した。

一二日、新政府軍の攻撃によって及位峠の同盟軍は遁走したので、本道の兵は進軍し新庄に陣取った。この夜、本道の兵と同盟軍は再び交戦したが、敵は始め鳥越に布陣したが、官軍（新政府軍）の到るを聞いて舟形まで退却した。

一三日、一四日、新政府軍四藩の兵はさらに分隊して進戦、敵味方一進一退を繰り返した。

この院内口の戦闘について、副島以順の回顧録はつぎのように述べる。

一〇日夜、本道諸隊は下院内に到着、役内《やくない》越えの諸隊は横堀から役内を経て間道から中田村に向かい、銀山越えの諸隊は院内から銀山に出て間道を経て及位の背後に向かった。

一一日、本道諸隊は未明、院内峠を越え及位の南方生根坂の敵を攻撃したが、敵は要所に堡塁を築いて巧みに防戦、日没に至っても陥落しなかった。多くの死傷者が出たためやむなく退却、夜陰に紛れて院内まで引き上げた。一方、役内越え諸隊は難路十里ばかりを夜行し払暁中田村の背後に出た。このため敵は大いに驚き大砲・弾薬などを遺棄し急遽新庄に向かって退却を始めた。そこで銀山越え諸隊とともに金山に進撃、ついに金山を占領した。役内越え諸隊が分捕ったものは大砲三門・小銃七丁・仙台藩の徽章入り弾薬七荷・乗馬一頭・帷幕二張・馬具・太鼓・長持ちなどである。敵将数名を討ち取ったが味方は薩摩兵一人が戦死した。

翌一二日、本道諸隊は再び及位峠の生根坂を攻撃したが、敵は昨日の中田村金山の敗戦ですでに西南方に退却してひとりもいなかった。金山路を南進し、役内越え諸隊・銀山越え諸隊に続いて何ら抵抗を受けることなく夜九時頃新庄城下に到達した。

一三日、新庄南方の敵兵七〇〇ばかりが舟形付近に近づいたという。午前八時頃、本道と清水街道の二手に分かれて小国川の線に拠って防戦しようとしたが、敵は川を越えて来襲、地形不利な味方は大いに苦戦。日暮れ退却して鳥越・福田の防衛線を保って対峙した。この日、佐賀藩の執行善吉郎が戦死、光武官一が負傷した。

一四日、肥前兵・長州兵は大砲二門を備えて鳥越を守備。清水方面は薩摩・小倉・肥前の三藩が角沢付近を守備した。敵は舟形・二つ屋に火を放ち本道から迫った。また敵の主力は清水口から迂回して新庄に迫った。本道の守備は堅固であったが、新庄藩の大部分が敵に内応し退路を断たれる恐れがあった。やむを得ず新庄を放棄し院内に向かって背進した。去る一〇日以来ほとんど不眠不休のありさまであったが、さらに新庄から院内までおよそ一五里を夜通しに退却し、疲労の極みであった。しかし身体の疲労よりもむしろ百戦して獲得した陣地を一挙に奪い返されたことが心外千万であった。佐賀兵・永田源之進、堤三四郎が負傷。

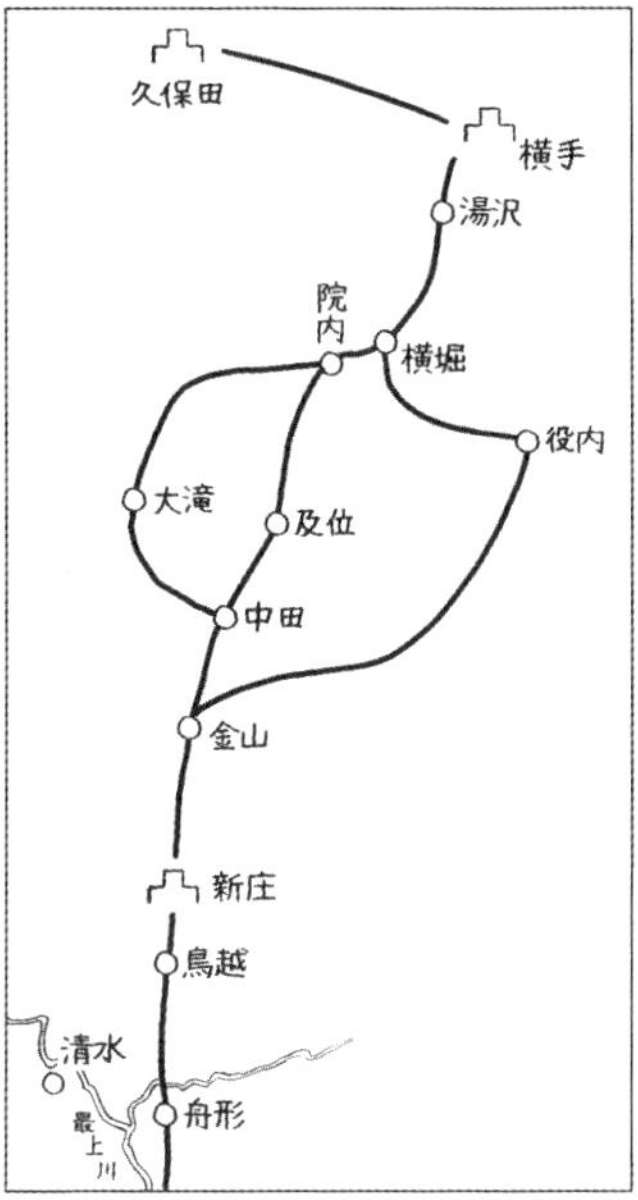

山道口方面隊進路

このとき新庄藩主戸沢中務太夫殿は城を捨て勤皇党の部下およそ三〇〇とともに院内に

退却した。新庄城は反対党によって焼き尽くされた。副島は「気の毒の至りでありました」と懐古している。

副島以順の回顧録にみえる新庄藩領の村々も兵火に罹った。

角沢村庄屋・仁間村福田村掛持ちの大場市助は「角沢村を始め仁間・福田三ケ村とも焼失。男女とも人足にかり出され、女はあれこれ追迫された。家財雑具までほとんど焼失した。また、稲刈なども他所より遅れ、秋になっても米相場は振るわず、すっかり難渋した。雪の季節なのに蓄えも無く寒さを凌ぎかねる者ばかりである。老若とも何とも嘆かわしいありさまでございます」と窮状を訴えている。角沢村では二六軒一八六人が焼け出され、仁間村では一四軒九八人、福田村は三三軒二一八人が焼失したという。

【史料原文】

「七月十四日、角沢村初メ押続キ仁間・福田三ケ村共焼失仕、其節男女之者多分人足ニ出テ女共者彼是追迫され、家財雑具まで荒増焼失仕候」

「稲刈等も外よりは自然と相後レ其上秋揚迄不宜、此節内々必至と難渋仕、雪中身薄ニ而寒サも凌キ兼候者計リ多ク御座候而、老若之ものハ勿論何共歎ケ敷奉存候」（山形県新庄市立図書館『郷土資料叢書　第二十二輯』）。

新庄落城について十作の『慶応記』は以下のように記す。

このころ新庄藩では国情紛紜、藩論が分かれていた。敵に加担して官軍に抵抗するものもあった。味方は寡兵である。このまま新庄に留っては大患を生じる恐れがある。一四日午後、各藩の兵隊は新庄を撤収した。藩侯もまた新庄城を退去した。従臣はわずかに数名である。四藩の兵隊とともに夜行

横手攻略「戊辰戦争絵巻」部分（致道博物館蔵）

すること一〇里ばかり、山谷の進軍は大いに難儀し兵隊は皆疲労にあえいだ。暁天、漸く院内に到着しここに宿陣した。新庄侯は湯沢に落居したという。

## 横手城陥落

新政府軍は秋田領院内に後退し、両軍対峙のまま、しばらくにらみ合いの状態が続いた。前述したように、このころ海道口の深堀六番隊は女鹿村での激戦の最中であった。

七月一六日、敵（同盟軍）襲来の知らせがあった。出兵、守備を固め夜通し露営した。しかし敵は来なかった。

二八日、敵が銀山・一本松および中村・大沢・黒森に侵攻した。佐賀兵は奮戦、敵味方互いに勝敗があった。中村の敵は二〇〇〇、わが官軍は三〇〇に満たなかった。衆寡敵せず、急使を銀山に奔《はし》らせその危急を告げた。中村がもし敗れれば敵は必ず横堀を攻め取るであろう。すると本道も銀山も背後を絶たれ守禦の方法がなくなる。力を合せて中村の敵を追い払うしか策はない。

二九日黎明、本道と銀山の守備を撤収し横堀に至り、一同中村に集結して進撃した。

『慶応記』は右のように「中村ニ会シ進戦ス」と記録するが、同盟

振遠隊戦士遺髪碑（長崎市　佐古招魂社跡）

軍の攻撃に新政府軍は相当苦しんだようである。『小倉藩羽州出兵戦記』には銀山の戦況を「賊ノ奇兵左右山上ヨリ我砲台ヲ下瞰シ縦横乱射、銃丸雨ノ如シ、戦《たたかい》甚《はなはだ》困ム《くるしむ》」と記録している。

この夜、新政府軍の四藩とも各々半小隊を伏兵として残し、全軍横堀に退却して宿陣した。しかしこのあたりは平坦な地形で要害もなく守備にははなはだ不便であった。さらに庄内軍の別働隊が矢島街道に出て湯沢を襲撃、味方の背後を絶とうとしていた。

八月朔日（『慶応記』は九月朔日とするが八月の誤り）、全軍ことごとく横堀を出発し湯沢に至った。湯沢の地形もまた不利であった。ついに横手に退却した。敵の勢いは猛烈で官軍は不振である。そこで長州藩と協議して各々斥候一人ずつを湯沢から久保田に派遣し、九条総督および秋田藩佐竹侯の出馬を要請することとした。

この夜、長崎振遠隊が応援に来会、官軍はすこぶる力を得た。

長崎振遠隊は、慶応三年長崎の地役人などによって組織され長崎市中警護に当っていた遊撃隊が前身である。翌四年四月振遠隊と改称、長崎府知事沢宣嘉（沢為量副総督の養子）の命により三〇〇人余りが東北戦線に出征した。出動命令には佐賀藩士副島種臣の尽力があった。振遠隊はこののち羽州において八月八日岩崎川の戦い、一四日角間川の戦い、一九日間倉川の戦い、二二～二四日南楢岡の戦いに参加、さらに九月二八日陸中橋場でも交戦し、一二月二〇日長崎に帰った。戦死一七人、負傷一九人。戦死者は梅ケ崎招魂社に祀られた。現在、佐古招魂社跡に「振遠隊戦士遺髪碑」が残る。

八月二日、新政府軍四藩の兵ならびに振遠隊は同じく分隊を組み守備についた。この日、庄内軍が湯沢に迫ってきた。秋田兵は敗退。敵は長駆、諸道から迫った。

七日、沢副総督が久保田を出馬、横手に着陣した。秋田侯もまた戸嶋に出陣してはるかに声援を送った。

先日の総督出馬要請を受け沢副総督が出張したのである。

八日、三道から進撃。

『慶応記』は右のように短く記すが、『小倉藩羽州出兵戦記』によれば、本道からは小倉兵と薩摩兵、秋田兵が川下から攻撃した。佐賀兵と長崎振遠隊の攻口は浅舞村、長州兵と新庄兵は馬鞍村であった。敵が岩崎村に屯《たむろ》して行く手を塞いでいるという。小倉兵が岩崎川を渡ったが敵兵はひとりもいない。どこかに潜伏していないか村人に尋ねたが、いないと答えた。そこで後続部隊も川を渡ろうとしたとき突然林の中から敵が突出し激しく砲撃した。小倉兵は決死の覚悟で奮戦、後続部隊も川の向こうから乱射、小倉勢を支援した。小倉兵は岩崎村を焼き、敵がひるんだすきに下流から退却した。浅舞の佐賀兵・長崎振遠隊、川下の秋田兵も同時にみな退却した。

角間川攻略「戊辰戦争絵巻」部分（致道博物館蔵）

再び『慶応記』。

九日、敵が大沢に出没した。横手を襲撃するという情報が入った。佐賀藩兵および長崎振遠隊は後退して車坂に陣取り敵を阻もうとしたが、敵は襲来しなかった。しかし大餅田および馬鞍の敵兵が突進して民家に放火した。三〜四里の間も火焔が見え遠近大いに震撼した。敵はまた間道から六郷を襲撃して官軍（新政府軍）の後ろを衝こうとした。官軍は後退して神宮寺に陣取り防禦することに決した。神宮寺は山を背負い川を阻んで最も有利な地形である。まず横手在陣中の沢副総督を佐賀藩兵一小隊が護送して神宮寺に迎えた。ついで五更（深夜二時頃）のころ全軍出発し、分れて大曲ならびに神宮寺に着陣、速かに分隊守備についた。

八月一一日、横手城が陥落した。

横手城は秋田藩の支城で、新政府軍が本営を神宮寺に後退させたのちも秋田藩の重臣戸村大学が籠城守備していた。この日、敵方同盟軍の猛攻により落城したのである。

一二日、佐賀藩兵一小隊が楢岡に出動し敵の襲撃路を抑えた。さらに一小隊を角間川村に出動させ秋田および新庄の兵と一緒に陣を張った。敵は諸道から分かれて襲撃してきた。翌一三日も交戦、敵味方互いに勝ち敗けがあった。

『慶応記』は一三日の様子を右のように記述するが、実は新政府軍はこの日大敗したのである。横手城を陥落させた奥羽同盟軍は進んで角間川村に迫った。迎え撃った新政府軍は午前中こそ勝利したもののの午後になって陸続として大挙反撃する奥羽同盟軍に敗れ、ついに大曲と神宮寺に退却した。「この一戦は緒戦以来その比を見ない部隊戦であって、彼我の損傷ともに甚だしかった」（『秋田県史』）。

## 角館防衛

八月一五日、奥羽同盟側の南部藩兵が生保内《おぼない》から角館《かくのだて》を襲撃しようとした。六郷にいた庄内軍もこれに呼応した。急報が相次いだ。総督府は佐賀藩兵に命じ角館救援に向かわせた。同日夜、神宮寺の間道から進発し角館に急行して地形を巡視、守備に就いた。

一六日、新政府軍の大村藩兵が来会した。佐賀兵は大村兵と協力し守備を行った。

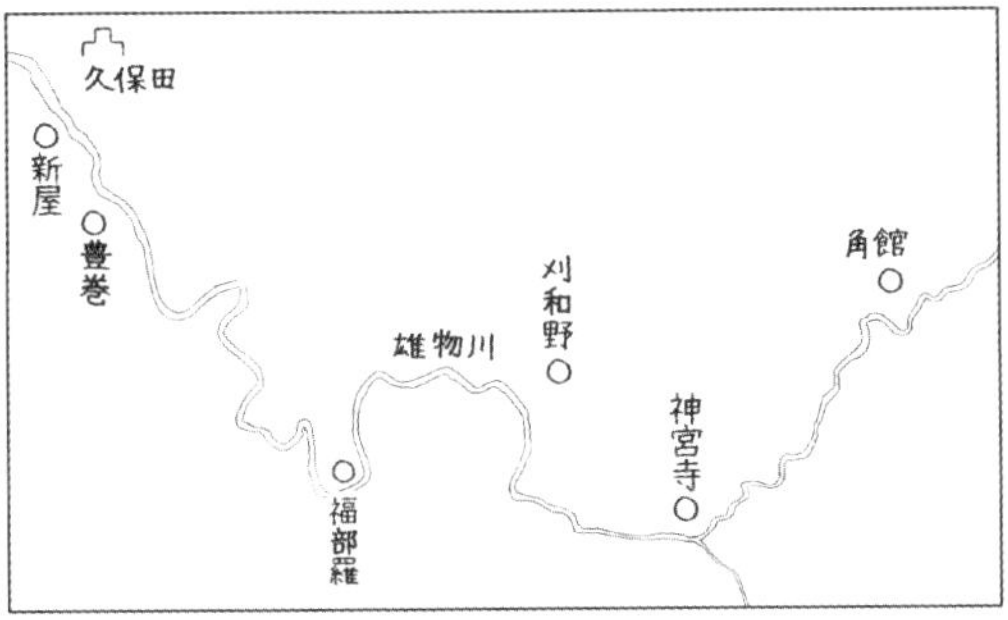

角館・神宮寺・刈和野の戦い　8/15 ～ 9/16

八月に入って南部藩は秋田藩に宣戦を布告。雫石《しずくいし》方面からも生保内を越え、六郷にいた奥羽同盟軍と呼応し角館をうかがうという動きをみせた。一四日、佐賀軍は同盟軍と交戦後、神宮寺に滞陣し、翌一五日、角館に転陣した。また、これより先、新政府軍には大村・島原・平戸・小城の各藩兵が到着し、山道口援兵として配備されたのである。

一九日、六郷にいた敵の分隊が長野村に進み、生保内の応援のため角館に迫った。佐賀・秋田・大村から各々一小隊が出動し、同夜、敵の陣営を襲ってこれを焼き討ちにした。敵は狼狽し敗走した。生保内の敵軍は官軍（新政府軍）の守備を聞き襲撃を取りやめた。

角館がやや落ち着いた二二日、味方の長州・小倉の兵が来て彼らと交代した。佐賀藩兵は新屋《あらや》に戻るようとの命を受け、即日角館を出発した。途中、刈和野《かりわの》に到着すると、刈和野は騒乱していた。敵軍一〇〇ばかりが官軍のすきを突いて傍らの村々を侵犯、火を放ったという。総督府は佐賀兵に留まってこれを討つよう命じた。佐賀兵は夜通し守備を厳重に行い、明け方、斥候を出して敵の動静を探った。敵はすでに引き揚げていた。午後、平戸兵が来たので交代し、佐賀兵は刈和野を出発、久保田に到着し、二四日新屋の海道口軍に合流した。

浜田謹吾少年銅像（大村市　大村護国神社）

## 刈和野・神宮寺の戦い

『慶応記』は二四日佐賀兵の新屋会軍から話題を南部藩との戦いに転じるが、佐賀兵が新屋に転陣したのちも山道口での戦闘は続いた。

九月初頭は目立った戦闘はなく、双方とも持久戦となった。

九月一〇日、同盟軍は刈和野を襲撃、守備の新政府軍島原兵が敗退した。副総督の身辺を案じた新政府軍参謀らは、沢副総督を角館に転陣せしめた。翌日、同盟軍は刈和野を占領、新政府軍は神宮寺を捨てて角館に退却した。この退却に沢副総督はすこぶる不満で、叱責された諸藩隊長らは副総督に血誓書を提出した。

一五日（九月）、奥羽同盟軍は刈和野から境付近に出撃し、新政府軍と戦闘。角館からの新政府軍増援部隊も加わり激戦となった。この激戦で大村藩鼓手浜田謹吾が額に敵弾を受けて戦死した。数え年一五歳の少年兵であった。腰に太鼓を着けた彼の銅像が角館と大村に建っている。

翌朝も交戦、新政府軍は神宮寺を奪還した。

この日の戦闘を最後に庄内軍をはじめとする奥羽同盟軍は兵をおさめ撤退帰藩した。

## 南部藩との戦い（十二所口戦線）

南部藩（盛岡藩）は長く去就を決めかねていたが、七月下旬、藩論は奥羽同盟の盟約を守ることに決した。八月八日、新政府軍に宣戦を布告、秋田藩領十二所（現秋田県大館市）に進撃した。さらに二二日、大館城を陥落させ、秋田藩は苦境に立たされた。

総督府は院内口戦線の佐賀藩隊長である田村乾太左衛門に命じ、角館から新屋に転陣した佐賀兵を率い、小城兵とともに大館救援に向かわせた。

これより先八月七日、田村は総督府から参謀添役に任じられていた（『復古記』）。

また佐賀藩の支藩小城藩は隊長田尻宮内以下兵七〇〇余を出兵させ、八月二四日、海路、久保田に着陣していた。

『慶応記』には、

「時ニ南部賊、十二所及ビ大館ヲ侵掠ス。秋田兵防戦利アラズ。賊兵侵入甚ダ急ナリ。此ノ時、我藩小城兵十小隊久保田ニ着ス。即夜角館会軍ノ分隊、十二所応援ノ命ヲ奉ジ小城兵ト同ジク二十五日新屋ヲ発ス」とある（海道口八月二五日条）。

二十五日（八月）、佐賀藩兵は秋田に到着したばかりの小城藩兵と同行、新屋を出発し大久保に着陣した。敵はすでに小繋村に進み、一隊は能代を襲撃しようとしているという。直ちに一小隊を出動させ昼夜兼行急いでこれに向かわせ、続いて全軍が出発した。連戦連勝した。この後、二方面から進撃し九月中旬、南部藩境に迫った。

九月二〇日、南部藩は書面を差し出し降伏の意を表した。

二五日、南部藩の重臣二名が降伏謝罪使として来陣した。前山精一郎参謀（佐賀藩士）が面会し実効ある謝罪の証を示せと難詰した。

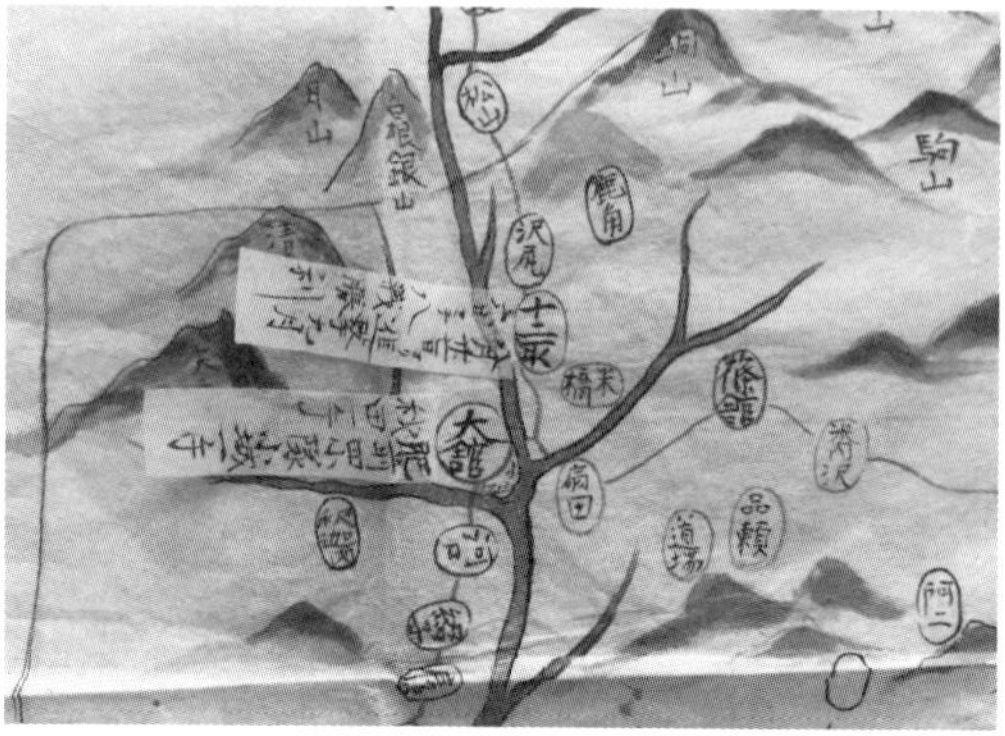

南部藩との戦い「佐賀藩戊辰の役秋田藩領絵地図（小城鍋島文庫12-11）」部分　佐賀大学附属図書館蔵

『慶応記』が述べるように、佐賀兵が羽州街道を北上して大館救援に向かった頃、南部藩軍は八月二七日、大館からさらに能代に近い小繋村まで進軍していた。佐賀・小城兵に秋田兵を加えた新政府軍は米代川の要地荷揚場に集結し、ここから反転攻勢に出たのである。ここでも佐賀藩の銃砲が威力を発した。九月五日、新政府軍は大館城を奪還した。南部藩軍は秋田領を退去、藩境付近で小競り合いはあったものの敵味方とも勝敗なく推移した。そして九月二〇日、南部藩から休戦の申し入れがあった。南部藩軍前線に、「米沢藩・仙台藩がすでに降伏し奥羽列藩はすべて降伏謝罪に決した」という藩主南部利剛《としひさ》の書状が届いたからである。

二七日、弘前藩から南部領野辺地《のへじ》にはまだ敵軍がいると報告があった。佐賀藩兵一小隊が弘前領小港に出動し、野辺地の隊長を召喚詰問した。彼は屈服し謝罪のため切腹した。

『慶応記』は右のように述べるが、これは去る九月二三日、弘前藩兵と黒石藩兵が野辺地の南部藩兵を攻撃して敗退した交戦を指すものではないかと思われる。これについては一〇月二日、刈場沢村で田村乾太左衛門が南部藩から野辺地隊長の首級を差し出して謝罪する旨の書面を受領している。ただし隊長切腹は新政府軍参謀前山精一郎により中止された（『復古記』）。

二八日、新政府軍として出雲藩兵が来た。

出雲松江藩の兵四六〇人は九月二二日土崎港に着岸、二三日久保田城下に着陣した。総督府は主力部隊を十二所口に派遣し、二小隊を新屋口に残した。十二所へは二九日に到着した。

一〇月二日、佐賀藩兵・出雲藩兵は盛岡に到着、秋田藩兵および長崎振遠隊も生保内から到着した。盛岡城開城。佐賀兵と出雲兵は大手口から入り、秋田兵と長崎振遠隊は搦め手から入城し、それぞれ城内に宿営した。

なお他の記録では盛岡開城は一〇月一〇日とする。

六日、佐賀藩の一小隊が小港から盛岡に来会した。

『慶応記』は「時ニ奥羽平定、諸道官軍に凱旋ノ命アリ、因テ我ガ兵盛岡ヲ発ス」と戦争記録を結んでいる。

## 附・桑原源之助の戦死

これまでみたように、深堀六番隊の戦死者は五名であるが、このほかにも鍋島孫六郎の足軽桑原源之助が会津で戦死している。

佐賀藩では藩主直大《なおひろ》の東上後、後続部隊として鍋島監物組・鍋島鷹之助組・鍋島左馬助組の三大組を動員した。監物（太田茂智）組は御側組、鷹之助（茂明）組と左馬助（茂精・孫六郎）組は先手組である。

また多久領主多久与兵衛（茂族）一手も出動した。

桑原源之助がなぜ会津攻城戦に参加していたのか、詳しい事情は不明である。孫六郎はすでに秋田口戦線にあったから、このとき左馬助（孫六郎）組を指揮したのは組肝煎の深堀又太郎であった。あるいは源之助はこの深堀又太郎の従者として派遣されたか、または左馬助（孫六郎）組の軍監・伊東外記の従者として付されたか、いずれかにより出陣したのではなかろうか。

直大は五月七日、下総・下野両国鎮圧を命じられ、これら後続部隊は野州に投入された。野州では大鳥圭介率いる旧幕府脱走兵と会津藩兵が新政府軍に敵対して戦闘が続いていた。深堀又太郎は七月某日、野州今市で敵に狙撃され首級のない遺骸のみが帰営した。

そののち七月二八日、多久茂族《しげつぐ》が白河口総督府参謀に任じられ、野州にあった佐賀藩諸隊は会津若松城攻撃に向かった。

八月二〇日から会津侵攻の行動に移った新政府軍の攻撃は九月に入ると熾烈を極めた。九月一四日総攻撃開始、一五日以来日夜砲戦が間断なく続いた。そうして九月一八日、若松城不明口胸壁攻撃のとき桑原源之助は戦死したのである（『太政官日誌』「肥前藩届書写」）。

九月二二日、若松城落城、会津藩は降伏した。

源之助の墓（供養塔）は長崎市蚊焼町の曹洞宗・地蔵寺近くの墓地にあり（墓地を下るとすぐに日蓮宗・真乗院もある）、「野州戦死　功盛源衆居士」、「桑原源助事　明治元辰年九月十八日」と刻まれている（一九六頁写真）。

蚊焼は深堀鍋島家の所領であった。

なお、わたくしは未見であるが、彼の墓は会津若松市東明寺の西軍墓地にもあるという。

# 終章　凱旋

戊辰役秋田口佐賀藩士招魂碑（佐賀市　佐賀県護国神社）

## 凱旋

酒田に在営した新政府軍の各藩兵に凱旋の布告があった。内戦は終息し、新政府軍に加わった各藩兵は次々と帰路についた。

『慶応記』は「是ノ時、奥羽平定、諸道官軍ニ凱旋ノ命アリ」という。

九月八日には元号もすでに明治と改められていた。

明治元（一八六八）年一〇月三日、長州兵隊および小倉兵隊が酒田を出発した。この夜の合辞《あいことば》「刀ハ鞘々」。

四日、薩州兵隊が酒田を出発。およそ七小隊である。

五日、筑前兵隊も酒田を出発した。

六日、わが佐賀藩兵もまた酒田を出発し松山城下に宿陣した。松山は庄内の分家である。

七日、滞陣。

八日、松山を出発し清川を遡って船越宿に宿陣した。清川は急流なる大河、左右に峨々たる連山が屏立して川を覆うようである。庄内と最上の咽喉元で、これまた絶無の要害である。庄内攻撃の初めころ薩長の兵がここを攻め夜中ひそかに川を渡ったものの大敗を喫したという。

そもそも庄内藩は国境に山脈が連なり峨々たる険岩峻坂に囲まれた地勢である。東に岬嶺（三崎嶺）ならびに観音森、南に清川山河の険、西には鼠ケ関《ねずがせき》と、みな無類の天険がめぐり、北は漫々たる北海である。内地は沃野千里、すこぶる殷富の国である。

帰路は船越から最上路に出て天童を通った。天童藩は初め官軍に属し城下は庄内軍により灰燼に帰したところである。十作らが通行したころはすでに満地雪に沈みその荒涼の情景は見るに忍びなかった。同盟軍に敗れたとき老臣吉田大八ひとり官軍への義を唱えついに屠腹したという。吾のみは涼しく聞けや蝉の声。十作は『慶応記』に彼の辞世を書き取っている。武士らしい最期に共感するものがあったのだろう。

天童から山形・上ノ山を経て米沢・二本松・宇都宮に至り江戸に戻り芝増上寺内に宿営した。江戸から東海道を経て一二月一六日、京都に到着。翌一七日、全軍参内、御感状を頂戴した。さらに大坂に出て汽船に搭乗し豊前小倉に上陸、筑前を経て佐賀城に凱陣した。明治二年正月四日であった。明治と改元されたのは昨年慶応四年九月のことである。

こうして、およそ一年半に及ぶ深堀武士団の戊辰戦争は終りを告げた。

江口十作が『慶応記』と題する従軍記を認めたのはこの年明治二年の五月であった。

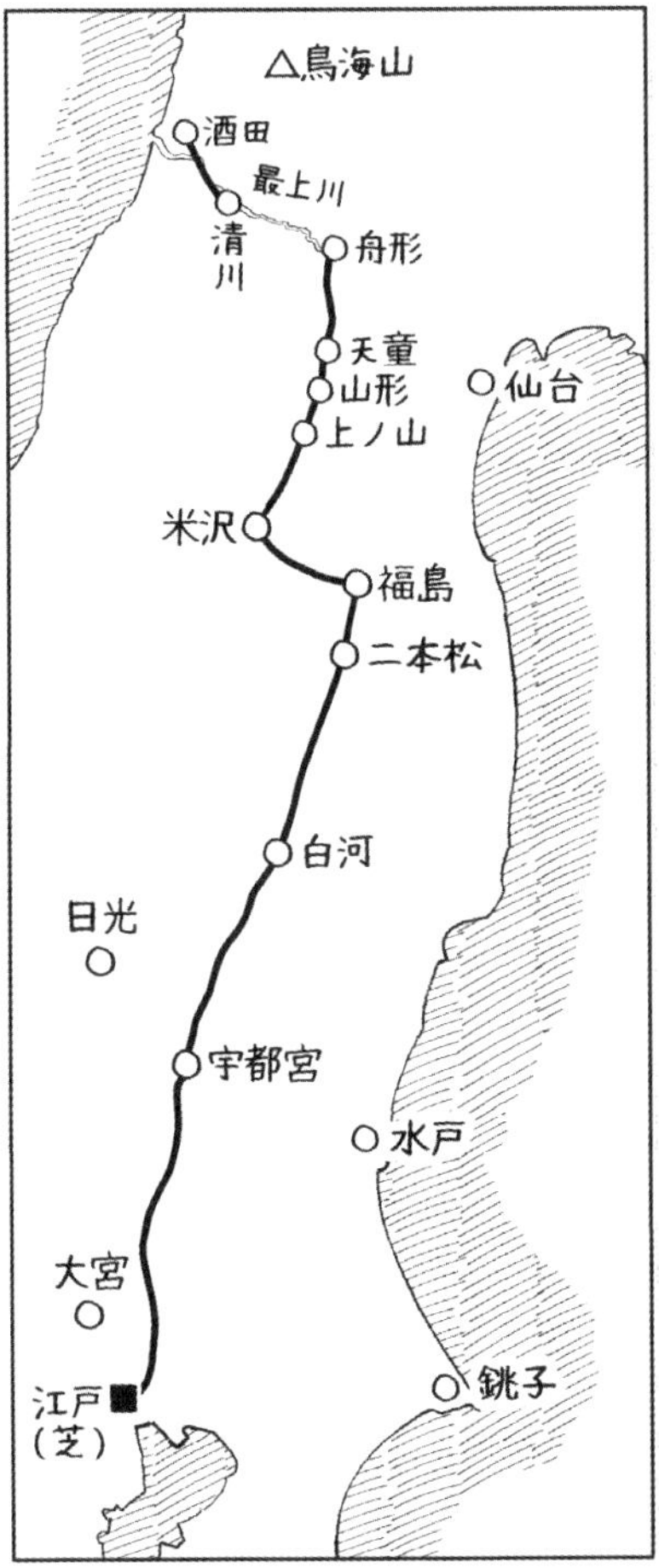

深堀六番隊の凱旋行路

剣の使い手とはいえ、若い十作にとって人を斬ったのは初めての経験であった。後年、息子の功に「人はこんなに簡単に死ぬものかと思った」と述懐したそうである。

## 賞典

凱旋した孫六郎には新政府から酒肴を賜った。

久々之出張励精尽力之段、神妙ニ被思召《おぼしめされ》候、今般凱旋ニ付、不取敢為慰労《とりあえずいろうのため》賜酒肴候事

十一月廿五日

また佐賀藩主直大は孫六郎に太刀一振りと白銀三千枚を贈って、その功労を讃えた。

鍋島孫六郎

其方儀、奥羽出張仰付けられ永々の軍旅始終隊中一和に尽力、指揮宜しきを得、功績を奏し候段聞召され御感なされ候、依て御太刀一腰・白銀三千枚拝領仰付けられ候事

このとき孫六郎の家来、側用人渡辺五郎右衛門と大目付峰弥次右衛門は、佐賀藩から賞典一五石を下付するとの内命を受けたが、これを辞退した。彼らの意見書は「奥羽征討における我が小士、隊長樋口作右衛門以下兵士に至るまでその戦功において甲乙を認めず。宜しく生存者に十石、戦死者に二十石の恩賞ありたし」という。深堀武士の廉潔を示すエピソードである。

藩公は従軍した十作ら深堀六番隊の面々に感状を与え永世米一〇石を給与して、その労をねぎらった。

鍋島孫六郎家来

江口十作

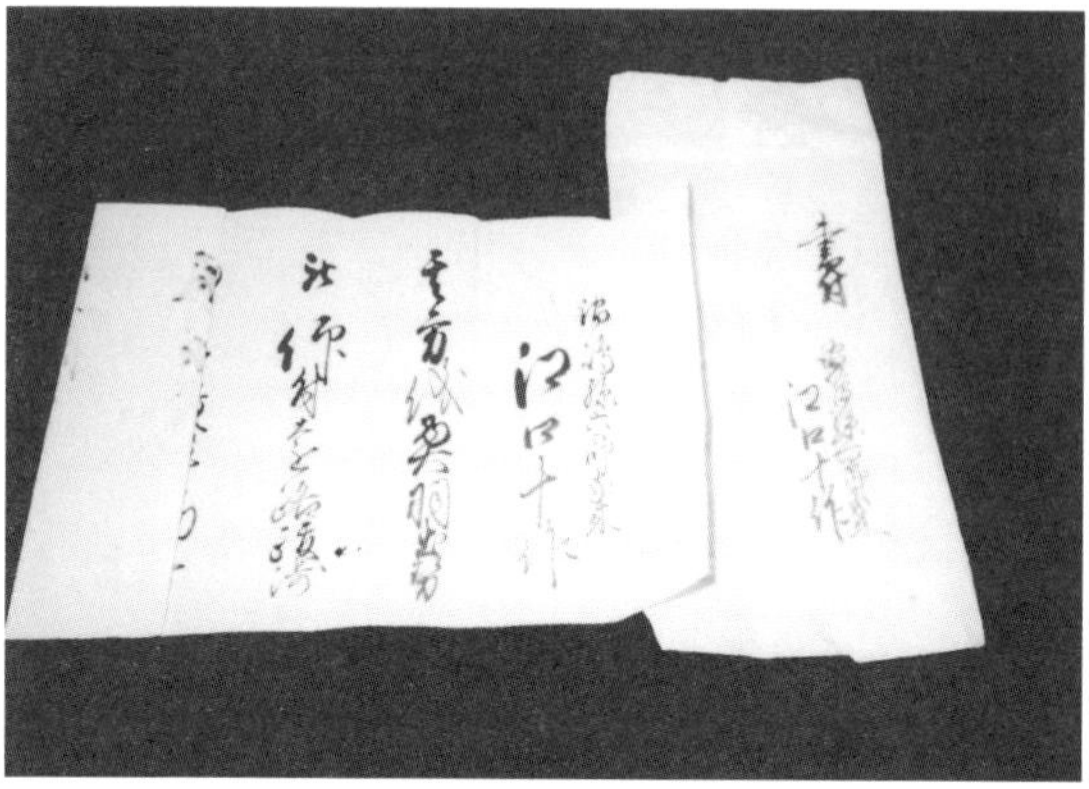

江口十作感状（個人蔵）

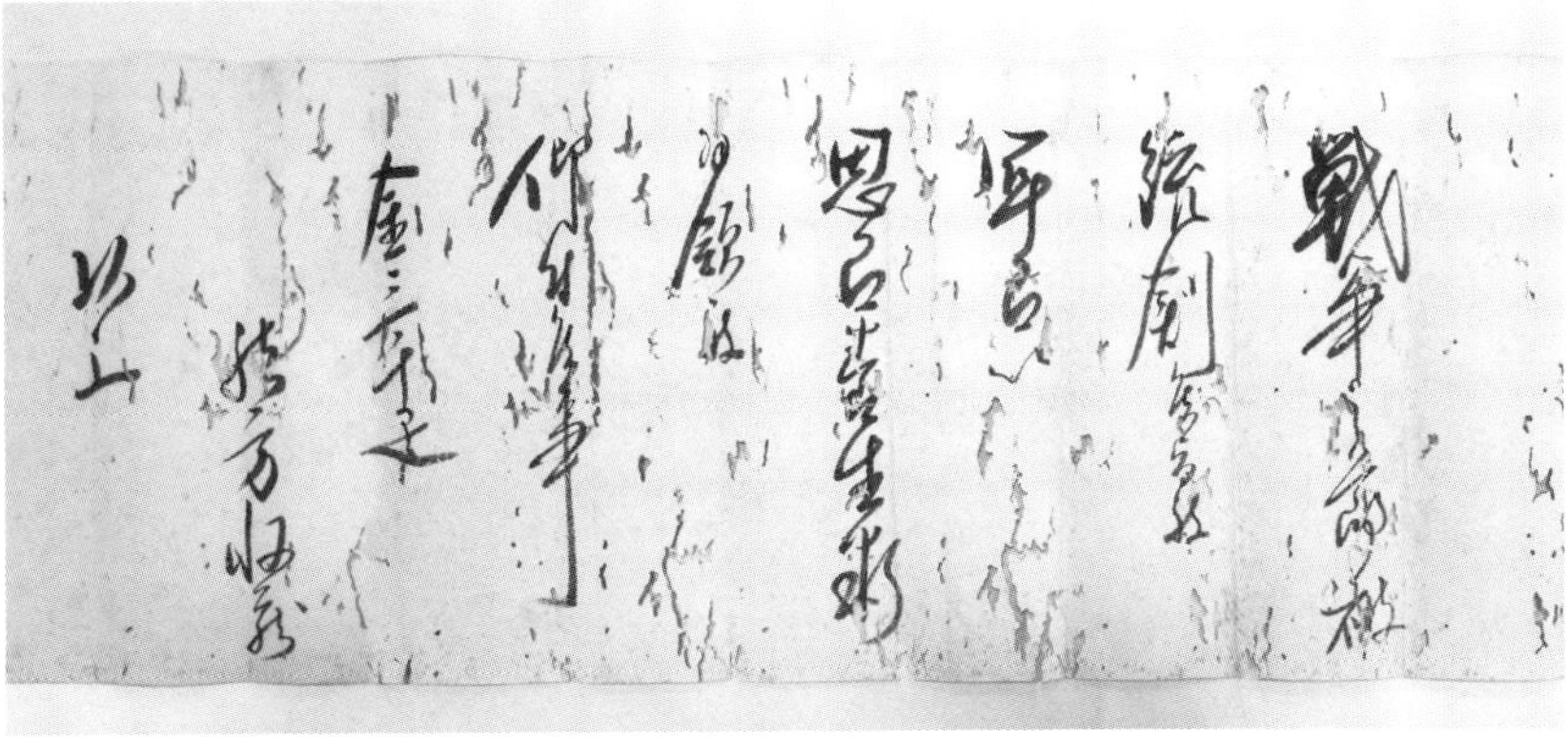

緒方収蔵感状（樋口家旧蔵）

其方儀、奥羽出勢仰付けられ、遠路跋渉、勇進攻撃、功労少なからざる段聞召され御感なされ候、依て永世米拾石拝領仰付けられ候事

同様の文面で川副寿一郎に対する感状も残っている。

また邑主孫六郎は、十作に二男ながら新規に別家を樹てることを許し侍にとりたて、切米三石を給与した。席次は堤兵力の次席であった。

央助二男
江口十作

其方儀、北陸道より奥羽従軍、遠路跋渉敵地危難を経、連戦勇進、なかんずく女鹿村の一戦粉骨を尽くし、当家の名誉を顕わす条、其の勲労少なからず、厚く御感賞なされ候、これに依て別規代々侍に御取立て御切米三石下され、堤兵力次席仰付けられ候

明治二年巳五月

もちろん川副寿一郎らにも切米三石が加増された。

峰弥次右衛門は、「軍鑑として総督府参謀を始め諸藩軍局と応接、惜しみなく粉骨砕身、なかでも女鹿村の一戦では勇敢の持論により兵隊を奮撃、当家の名誉を顕わした」として孫六郎

から切米五石を加増された。

銃創を負った緒方収蔵には養生料・金三千疋が与えられた。

後年、明治三〇（一八九七）年四月一四日、深堀士族はあい集い深堀神社において戊辰戦死者三十年祭を挙行し、その霊を弔った。

さらに時代は下って明治四四（一九一一）年一一月四日、孫六郎は特旨をもって従五位に叙任された。その理由とされたのは全く戊辰の戦功であった。『叙位裁可書』（国立公文書館アジア歴史資料センター）には次のようにある。

旧佐賀藩士　鍋島孫六郎

旧佐賀藩ノ重臣タリ、弘化元年ヲ以テ家督ヲ相続シ藩命ヲ以テ長崎ノ守衛ニ任ス、慶応四年京都ノ藩邸ニ在リ、是ノ時正ニ奥羽征討ノ事アルニ際シ藩主直大カ北陸道先鋒ノ命ヲ受クルヤ乃チ《すなわち》藩兵ノ隊長ニ挙ケラレ越前ヨリ江戸ニ出テ、尋テ《ついで》藩ノ軍艦孟春丸ニ搭乗シテ横浜ヨリ海路仙台ニ入リ鎮撫総督九条道孝ニ従ヒテ秋田ニ進ミ爾来《じらい》各地ニ転戦ス、尋テ賊三岬ノ嶮ヲ扼ス、乃チ福岡秋田ノ藩兵ト共ニ進撃シテ力戦スルコト連日、更ニ屡々《しばしば》諸地ニ激戦セリ、幾ク《いくばく》モナクシテ奥羽平定シ道孝ニ従フテ江戸ニ還ル、其後西帰シテ長崎ニ在リ、因テ此際旧功ヲ録シ従五位ニ叙セラレ然ルヘシ

維新後、端島などの炭鉱経営に失敗し、前年には嫡男茂麟に先立たれるなど失意のうちにあった晩年の孫六郎にとって、半世紀ほど前の軍功が顕彰されたことは何よりの慰めであったろう。

戊辰戦争戦死者の御霊は招魂廟に鎮まる（長崎市　深堀神社境内）

## 秋田口戦死者

戊辰戦争秋田口において鍋島孫六郎を総隊長とする佐賀藩士の戦死者は以下の一九名であった。うち深堀六番隊の戦死者は西久保平九郎・多々良鉄之助・川原泰三・荒木文八郎・向井喜助の五名である。

村山又兵衛・石井虎三郎・原喜惣太・野田弘平・石井辰吉郎・戸田基一郎・北原養一郎・執行善吉郎・西村藤一郎・鶴鉄之助・副島啓助・西久保平九郎・多々良鉄之助・川原泰三・荒木文八郎・向井喜助・久保幸之助・内田雄八・北村啓助

凱旋後、明治三年、藩知事鍋島直大は彼らを祀る招魂社を建て、春秋に慰霊祭を行った。相良頼善の撰文になる慰霊碑はいま佐賀県護国神社の境内にある（終章扉写真）。

明治維新の礎を築くため戦死した深堀武士団六人の御霊は今も深堀神社境内の招魂廟に祀られているが、訪れる人も少ない。

西久保平九郎秀武の墓（深堀町　菩提寺）

川原泰三健虎の墓（深堀町　菩提寺　神式）

多々良鉄之助義央の墓（深堀町　龍珠庵）

向井喜助登秋の墓（深堀町　菩提寺）

荒木文八郎克興の墓（深堀町　菩提寺）

桑原源之助の墓（長崎市蚊焼町）

# あとがき

「深堀六番隊」は歴史の襞に忘れられた存在である。

長崎で戊辰戦争を語るとき「振遠隊」を知る人は多いが、六番隊はほとんどが知らない。佐賀藩の軍隊としての出陣であったためか。ところが佐賀でも武雄隊の活躍は語られるが、鍋島孫六郎や六番隊はやはり話題にならない。のみならず誤って伝わる。

拙著『肥前国　深堀の歴史』では若干ながら紹介した。その後、六番隊士江口十作（宗善）の従軍記『慶応記』を閲読する機会を得、今はなき長崎歴史文化協会（理事長の越中哲也先生も先年故人になられた）の短信紙「ながさきの空」にも短文を寄稿した。

思えば、今や鬼籍に入られた江口常成さん（宗善直孫）に家蔵の『慶応記』などを見せてもらい、コピーを頂戴したのは平成一五年秋であった。また同氏宅では若き十作（宗善）の写真・袖印・印鑑（通行証）など貴重な資料も拝見した。

さらに平成二九年夏、樋口家旧蔵文書整理作業の過程で偶然にも峰弥次右衛門『東征日記』などを発見、小躍りしたものだった。なお、樋口家旧蔵文書一四〇〇余点は、令和二年七月、樋口家から長崎市に寄贈され、現在は深堀樋口家文庫として長崎歴史文化博物館に収蔵されている。

このふたつの史料との出会いに感謝するほかない。これまで大切に維持保存された賜物であり、両家に深く敬意を表したい。

新型コロナウイルス感染症の流行がやや落ち着きをみせたので、今年（令和五年）、ようやく東北に旅行して、念願であった六番隊の足跡追体験が叶った。駆け足の旅ではあったが、仙台・盛岡・秋田・鶴岡と、彼らの営舎であった寺院などを訪ね、また全良寺と蚶満寺に参詣して戦死者の墓前に線香を手向けることができた。両寺とも御住職に墓塔の位置の御案内を忝くした。さらに山形県遊佐町のガイド林晶さんの案内によって激戦地三崎峠の旧道を歩き、六番隊士が庄内兵に首級をあげられた地獄谷も望観した。一五〇年前の戦争は身近であった。だからこそ、ふるさと深堀の先人たちを語らずには居られない。

また、ずっと気になっていた桑原源之助の墓をこのほど探し当てた。一五〇年前の戊辰戦没者六人の墓が「墓じまい」などの挙にもあわず、ふるさとにすべて現存することは慶賀に値する。願わくは今後も護持せられんことを。

ただし武士だけでなく、従者や夫卒として徴発され命を落とした者がいたはずである。彼らのうち大多数は、残念ながら墓はおろか名前すら記録にも残らない。かかる名もなき戦争犠牲者にも想いを致すべきであろう。

本書は、右の『東征日記』と『慶応記』を読み解いて「深堀六番隊」の事績をたどったものである。もとより研究書ではない。五年近く温めた素材ではあるが、食材を取り揃えたものの煮炊きをせず、生煮えどころか未調理のまま提供した感がある。わたくしの力量不足は否めず、ふたつの史料の記述を現代語に訳しただけの、つたない内容である。読むに堪えるとすれば、ひとえに原史料の持つ迫力のおかげであろう。

しかし本書が契機となって、明治維新の礎《いしずえ》をなした我がふるさと深堀の先人たちの軌跡が少しでも多くの人に広く知られるようになれば、嬉しい限りである。

『東征日記』などの史料利用を樋口貴玖子さんからご快諾いただき、『慶応記』の利用については、江口宗久さんのご了承をいただいた。江口宗茂さんのお力添えもあった。江口宗善晩年の肖像写真掲載は重野浩一郎さんのご好意によるものであり、また田中良樹さんのご尽力に預かった。みなさんに感謝申し上げる。

挿入図版のいくつかについては、掲載許可のため、所蔵するそれぞれの博物館のお手を煩わせた。ことに佐賀大学附属図書館疋田恵介さんには絵地図の所蔵確認で多大なお世話になった。記して関係各位に厚く御礼申し上げる。

今回も長崎文献社堀憲昭編集長にはいろいろご厄介になった。深謝する次第である。

令和五年一〇月

平　幸治

# 年表

| 年月日 | 主な事項 | 佐賀藩、深堀の事項 |
|---|---|---|
| **慶応三（一八六七）年** | | |
| 一〇月一四日 | 徳川慶喜、朝廷に大政奉還を上表 | |
| 一一月　日 | | 鍋島孫六郎に京都駐在重役が命じられる |
| 一二月九日 | 王政復古の大号令 | |
| 一二月一〇日 | | 佐賀藩主鍋島直大に来正月からの京都警衛が命じられる |
| 一二月二一日 | | 孫六郎主従四四人、直大御供先遣として佐賀を出立 |
| **慶応四（一八六八）年戊辰** | | |
| 一月三日 | 鳥羽伏見で戦争勃発（戊辰戦争始まる） | |
| 一月九日 | 北陸道鎮撫総督高倉永祐、副総督四条隆平が任命される | |
| 一月一六日 | | 孫六郎ら大坂到着 |
| 一月二一日 | | 鍋島直大、率兵伊万里を出港（二七日大坂到着） |
| 二月八日 | | 佐賀藩に北陸道先鋒軍へ従軍が命じられる |
| 二月二六日 | 奥羽鎮撫総督九条道孝、副総督沢為量が任命される | 佐賀藩軍、福井で北陸道先鋒軍に会同 |
| 三月一四日 | 西郷隆盛と勝海舟が会談（江戸無血開城へ） | |
| 四月四日 | | 佐賀藩など北陸道先鋒軍、江戸に到着 |
| 四月六日 | | 深堀の後続部隊二八人、江戸で合流（六番隊七一人となる） |
| 四月二三日 | 奥羽鎮撫総督九条道孝、仙台に入る | |
| 閏四月九日 | | 北陸道先鋒軍の佐賀兵に庄内追討応援が命じられる |
| 閏四月二八日 | | 六番隊など仙台領東名浜に到着 |
| 五月三日 | 奥羽二五藩仙台で会議（奥羽列藩同盟が成立） | |
| 五月十日 | | 六番隊、仙台城下に到着 |
| 五月一八日 | 九条総督、仙台を脱し盛岡に向かう | |

| | | |
|---|---|---|
| 六月一二〜一四日 | | 江口十作ら釜石からの武器輸送に従事するため盛岡を出立 |
| 六月二六日 | | 佐賀藩軍艦孟春丸、八戸で座礁破船 |
| 七月朔日 | 九条総督、秋田に到着 | 六番隊、秋田城下に到着 |
| 七月四日 | 秋田藩士、仙台藩使者を殺害（秋田藩は同盟離脱） | |
| 七月六日 | 庄内追討の新政府軍、海道口・山道口から進軍 | |
| 七月八日 | | 六番隊、庄内追討のため海道口から進発（以後、庄内藩兵と戦争） |
| 七月一三日 | | 小砂川の戦い |
| 七月一六日 | | 女鹿村の戦い |
| 七月二八日 | | 武雄兵、秋田に到着 |
| 八月五日 | | 平沢の戦い |
| 八月六日 | 庄内軍に敗れ本荘落城 | |
| 八月八日 | 亀田藩、庄内軍に降伏 | |
| 八月一八日 | | 長浜の戦い |
| 八月二一日 | | 鍋島閑叟、鍋島上総を出羽派遣佐賀軍の総支配とする |
| 八月二九日 | | 君ケ野の戦い |
| 九月八日 | 元号を明治と改める | |
| 九月一一日 | | 椿台の戦い |
| 九月一二日 | 会津落城 | 長浜の戦い |
| 九月一四日 | | 深堀第三次隊、長崎出港 |
| 九月二七日 | 庄内藩、新政府軍に降伏 | |
| 九月二八日 | | 大師堂・観音森の戦い |
| 一〇月二日 | | 六番隊、酒田を経て凱旋の途に就く |
| **明治二（一八六九）年** | | |
| 一月四日 | | 六番隊、佐賀に帰着 |
| 五月一八日 | 榎本武揚ら降伏し五稜郭開城（戊辰戦争終結） | |

## 史料

江口宗善『慶応記』（個人蔵）
峰弥次右衛門『東征日記』（長崎歴史文化博物館　深堀樋口家文庫）
『鍋島孫六郎一手出兵御届書概略写』（佐賀県立図書館・佐賀県史編纂資料）
古川善作『北陸道先鋒奥羽応援日誌』（佐賀県立図書館・図書館収集資料）
平吉誠舒『従役日誌』（翻刻　池田史郎「肥前史研究」昭和六〇年）
立野元定『戊辰羽州役記』（翻刻　今泉信彦「湯か里」第四五号～第五一号　平成四～一〇年）
『茂昌公羽州御陣中記』（翻刻「戊辰戦争一四〇年　武雄軍団秋田を駆ける」展図録　二〇〇八年　武雄市図書館歴史資料館）
牟田忠行『従軍日誌』（翻刻「明治一五〇年　鍋島茂昌と羽州戦争」展図録　平成二九年　武雄市図書館歴史資料館）
鶴田収『庄内戦況記録』（翻刻「明治一五〇年　鍋島茂昌と羽州戦争」展図録　平成二九年　武雄市図書館歴史資料館）
「佐賀藩戊辰の役秋田藩領絵地図」（佐賀大学附属図書館蔵　小城鍋島文庫12－11）
平幸治編『史料翻刻　佐賀藩深堀日記』（長崎文献社　二〇一八年）
平井小左衛門『小倉藩羽州出兵戦記』（日本史籍協会叢書　別編３５　雑三　昭和五〇年復刊）
『復古記』（太政官　東京大学史料編纂所復刻　一九七四～七五）

## 参考文献

江口功一郎『宗善記』（二〇〇四年　創芸出版）
佐々木克『戊辰戦争』（中公新書　昭和五二年　中央公論社）
久米邦武『鍋島直正公伝』（大正九年　国立国会図書館デジタルコレクション）
宮田幸太郎『佐賀藩戊辰戦史』（昭和五一年　復刻マツノ書店　平成二五年）
狩野徳蔵『戊辰出羽戦記』（明治二三年　国立国会図書館デジタルコレクション）
和田東蔵『戊辰庄内戦争録』（明治二九年　国立国会図書館デジタルコレクション）

藤原相之助『仙台戊辰史』（明治四四年　国立国会図書館デジタルコレクション）
副島以順「羽州追討と佐賀藩」（『佐賀』第八五号　大正六年）
今泉利義「戊辰の役に関し私の見聞した事ども」（『肥前史談』第八巻第五号第六号　昭和一〇年）
中村純九郎「明治戊辰奥羽戦争回顧」（『肥前史談』第一四巻第六号　昭和一五年）
『武雄市史』中巻（昭和四八年　武雄市）
『秋田県史』第四巻（昭和五二年　秋田県）
『山形県史』第四巻（昭和五九年　山形県）
武雄市図書館歴史資料館図録『戊辰戦争一四〇年　武雄軍団秋田を駆ける』（二〇〇八年　同館）
同館図録『明治一五〇年　鍋島茂昌と羽州戦争』（平成二九年　同館）
致道博物館展示解説書　庄内入部400年記念特別展［第5部］『酒井家の明治維新　戊辰戦争と松ケ岡開墾』（令和四年　同館）
『三百藩戊辰戦争事典』上下（二〇〇〇年　新人物往来社）
菊地明・伊東成郎編『戊辰戦争全史』上下（二〇一八年　戎光祥出版）
守田孝『戊辰戦争　長崎振遠隊奥羽へ』（令和元年　非売品）
平幸治「深堀六番隊について」（「ながさきの空」長崎歴文協短信　三八七号　平成二六年　長崎歴史文化協会）

＊佐賀大学附属図書館（佐大図第133号）、栃木県立博物館、佐賀県立佐賀城本丸歴史館（許可特第896号）、佐賀県立博物館（許可番号1056２）、公益財団法人鍋島報效会（報発第90号）、佐賀県立図書館（受付番号R5－5）、武雄市立図書館・歴史資料館（武市教図歴第96号）、公益財団法人致道博物館には、それぞれ資料の利用許可を取得済みである。
＊所蔵先などの記載が無い掲載写真はすべて著者が撮影したものである。
＊地図は著者の原稿をマルモトイヅミさんに作画してもらった。

◆著者プロフィール（略歴）

平 幸治（たいら こうじ）

昭和19年（1944）深堀（長崎市）に生まれる。
昭和43年（1968）九州大学法学部卒業。
同年神戸銀行（現三井住友銀行）入行。
銀行勤務のかたわら郷土深堀の歴史を勉強、
退職後も続け、現在に至る。
著書『肥前国深堀の歴史』（2002　新装版2014）、
編著『史料翻刻　佐賀藩深堀日記』（2018）

〒851-0031　長崎市深堀町六丁目202番地

# 深堀六番隊の戊辰戦争

発行日　初版　2024年1月10日　第2刷　2024年2月20日

著者　平 幸治（たいら こうじ）

発行人　片山仁志

編集人　堀 憲昭

発行所　株式会社 長崎文献社
〒850-0057 長崎市大黒町3-1　長崎交通産業ビル5階
TEL. 095-823-5247　FAX. 095-823-5252
ホームページ https://www.e-bunken.com

本書をお読みになったご意見
ご感想をお寄せください。

印刷所　日本紙工印刷株式会社


ISBN 978-4-88851-396-8 C0021